I0153492

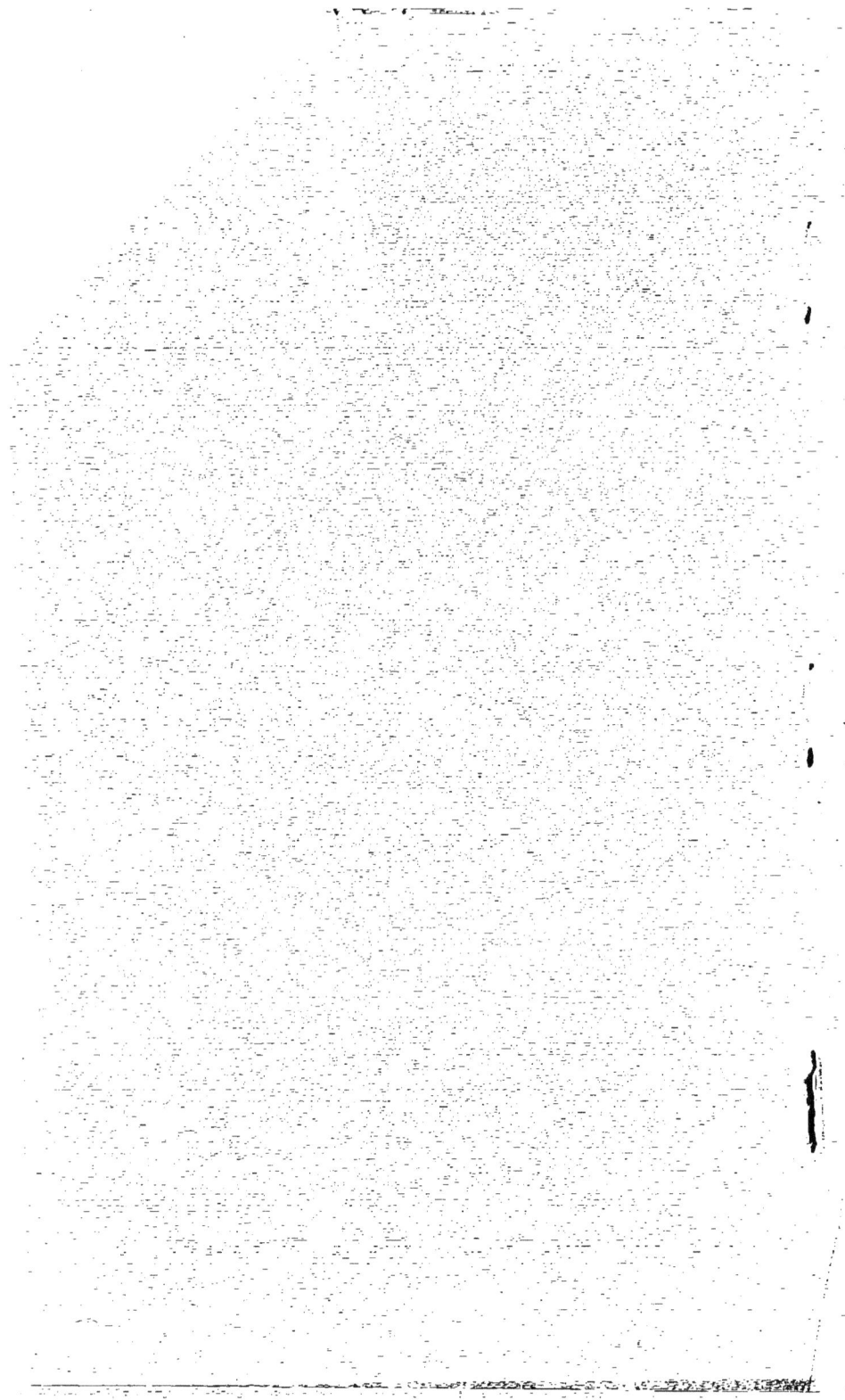

MÉTHODE

DE TOULOUSE

POUR L'INSTRUCTION DES SOURDS-MUETS

— ⚹ —

CATÉCHISME

(TEXTE CONTINU)

APPROBATION

Louis-François-Désiré-Édouard PIE, par la grâce de Dieu et du Siège Apostolique, Evêque de la sainte Eglise de Poitiers,

Nous étant fait rendre compte d'un *Catéchisme (texte continu) à l'usage des Sourds-Muets*, Nous l'autorisons et en permettons l'impression.

Donné à Poitiers, le 7 décembre 1864.

† L.-E., *Evêque de Poitiers.*

IMPRIMATUR.

Gratianopoli, die 11ᵃ decembris 1888.

† Amandus-Josephus,
Ep. Gratian.

PROPRIÉTÉ

Currière, imp. de l'École des Sourds-Muets.

MÉTHODE

DE TOULOUSE

POUR L'INSTRUCTION DES SOURDS-MUETS

Par L'Abbé CHAZOTTES

ÉDITÉE ET ADOPTÉE PAR LES CONGRÉGATIONS
DES FRÈRES DE SAINT-GABRIEL ET DES FILLES DE LA SAGESSE
SPÉCIALEMENT VOUÉES A L'ÉDUCATION DES SOURDS-MUETS

CATÉCHISME

(TEXTE CONTINU)

Que Dieu ouvre à ces chers enfants
l'oreille de la Foi, et qu'il envoie son
Verbe sur leurs lèvres.
(Mgr Pie, évêque de Poitiers.)

DEUXIÈME ÉDITION

SE TROUVE

A L'INSTITUTION DES SOURDS-MUETS DE CURRIÈRE
PAR SAINT-LAURENT-DU-PONT (ISÈRE)
1889

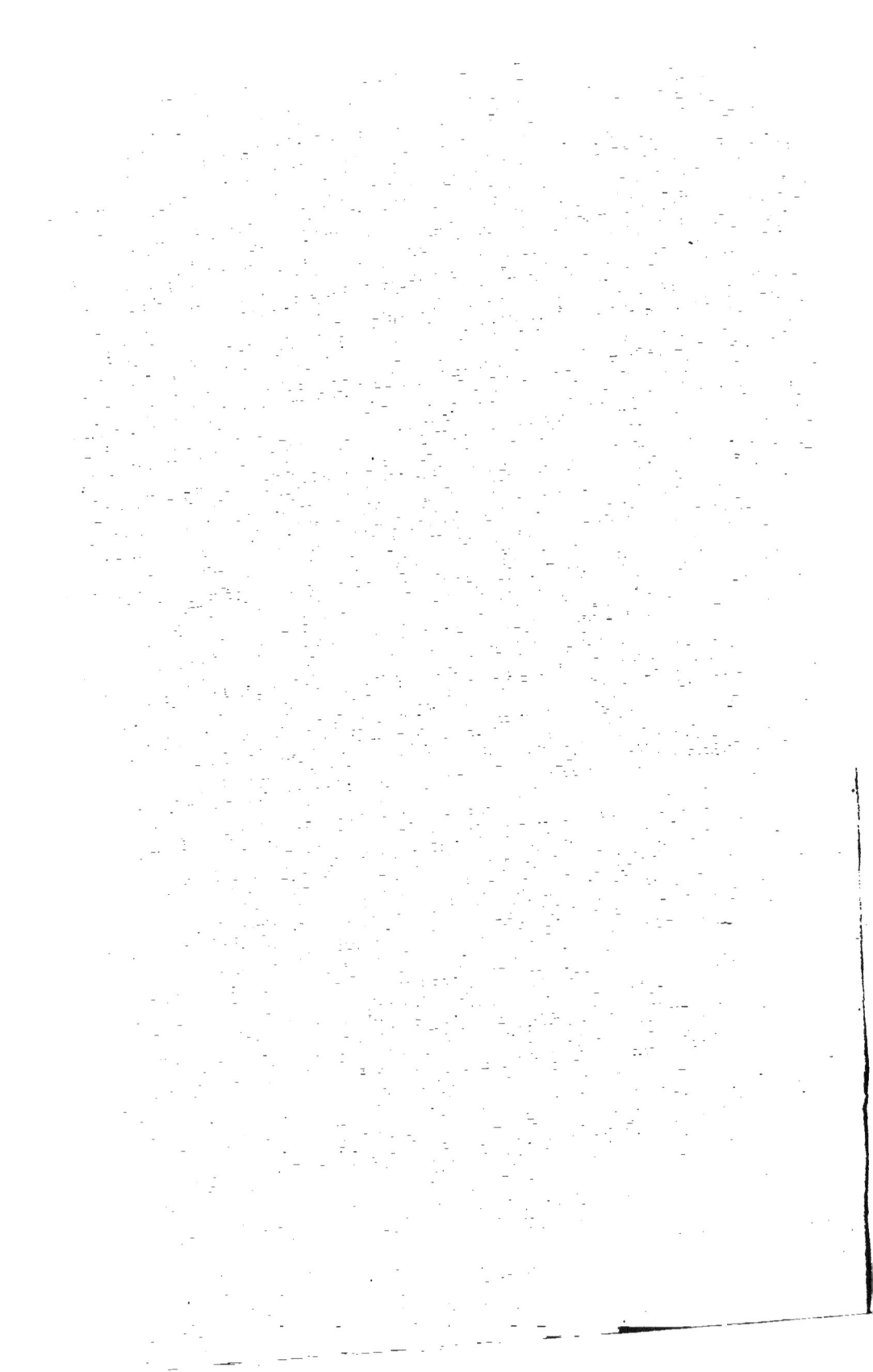

CATÉCHISME

(TEXTE CONTINU)

A L'USAGE DES SOURDS-MUETS

PREMIÈRE PARTIE.

LE SYMBOLE DES APOTRES.

DIEU.

LEÇON 1.

DIEU EST LE CRÉATEUR DE TOUT.

1.* Dieu a fait le Ciel et la terre.
2. Voici comment Dieu a fait le Ciel et la terre : il a commandé, et aussitôt le Ciel et la terre ont été faits.
3. C'est Dieu qui a fait les plantes et les arbres.
4. Voici comment Dieu a fait les plantes et les arbres : il a commandé, et aussitôt les plantes et les arbres sont sortis de la terre.
5. C'est Dieu qui a créé les quadrupèdes, les oiseaux et les reptiles.

6. Voici comment Dieu a créé les quadrupèdes, les oiseaux et les reptiles : il a commandé, et aussitôt les quadrupèdes, les
oiseaux et les reptiles ont été créés.
7.* [Enfin] c'est Dieu qui a fait l'homme.
8. L'homme a été créé pour connaître et aimer Dieu.
9. L'homme doit obéir à Dieu.
10. Si l'homme obéit à Dieu, il ira au Ciel.

LEÇON 2.

—

DIEU EST ESPRIT.

11. On peut voir les arbres et les plantes.
12. On peut [encore] toucher les arbres et les
plantes.
13. On peut voir et toucher les arbres et les
plantes, parce qu'ils sont corps.
14. [Mais] on ne peut ni voir ni toucher Dieu.
15.* On ne peut ni voir ni toucher Dieu, parce
que Dieu n'est pas corps.
16.* Puisque Dieu n'est pas corps, il est esprit.
17. Puisque Dieu n'est pas corps, et puisqu'il
est esprit, Dieu n'a donc ni yeux, ni
oreilles.
18. [Egalement] Dieu n'a ni mains, ni pieds.
19. Dieu n'a ni yeux, ni oreilles, ni mains, ni
pieds, puisqu'il est esprit.

LEÇON 3.

PERFECTIONS DE DIEU.

20.* Dieu n'a pas commencé d'être.

21. Dieu ne finira jamais d'être.

22.* Dieu n'a pas commencé et ne finira jamais d'être ; il est éternel.

23. Dieu est au Ciel et sur la terre.

24.* Dieu est partout.

25. Dieu est partout, parce qu'il est immense.

26. Dieu peut faire tout ce qu'il veut.

27. Dieu peut faire tout ce qu'il veut, parce qu'il est tout-puissant.

28. Dieu est [aussi] infiniment saint, infiniment juste, infiniment bon, etc.

29.* Dieu est infiniment parfait.

30. Dieu voit toutes nos actions et toutes nos pensées.

31.* Dieu voit tout.

32. Dieu connaît tout.

33. Dieu gouverne tout.

34. Il n'y a qu'un seul Dieu ; il ne peut y avoir plusieurs dieux.

35. Il ne peut y avoir plusieurs dieux, parce que Dieu étant infiniment parfait, il ne peut avoir d'égal.

35bis. * *Définition.* — Dieu est un pur esprit, infiniment parfait, Créateur du Ciel et de la terre, et souverain Seigneur de toutes choses.

ANGES.

—

LEÇON 4.

—

BONS ANGES. — MAUVAIS ANGES, DÉMONS.

I.

36.* Les Anges n'ont pas de corps : ils sont de purs esprits.

37. Dieu a créé tous les Anges bons et saints; mais tous les Anges ne sont pas restés dans cet heureux état.

38.* [Et maintenant] il y a de bons Anges et de mauvais Anges.

39. Les bons Anges sont au Ciel.

40.* Les bons Anges sont ainsi appelés, parce qu'ils sont toujours restés bons et soumis à Dieu.

41. Dans le Ciel, les bons Anges glorifient Dieu.

42. Les bons Anges descendent du Ciel et viennent sur la terre.

43. Les bons Anges viennent sur la terre, pour nous porter à faire le bien.

II.

44.* Les mauvais Anges sont ainsi appelés, parce qu'ils sont devenus mauvais : ils ont désobéi à Dieu par orgueil.

45. Les mauvais Anges sont [aussi] appelés démons.

46. Les mauvais Anges (les démons) sont dans l'Enfer.

7. Dans l'Enfer, les démons souffrent pour leur péché, et tourmentent les damnés.

48. Les démons viennent sur la terre, comme les bons Anges.

49.* [Mais] les démons viennent sur la terre, pour exciter les hommes à pécher.

50. Les démons, sur la terre, souffrent comme dans l'Enfer leur séjour habituel.

L'HOMME : SES DESTINÉES. — CHUTE. RÉPARATION.

LEÇON 5.

L'AME EST SPIRITUELLE.

51. Dieu ne nous a pas donné seulement un corps.

52. Dieu nous a donné un corps et une âme.

53.* L'âme est de beaucoup supérieure au corps.

54. Le corps se meut, respire, dort, etc.

55. [Mais] l'âme pense, raisonne, veut, aime, etc.

56. Notre âme est faite pour connaître et aimer Dieu.

57.* J'ai un corps et une âme.

58. Je peux voir mon corps.

59. Je peux [aussi] toucher mon corps.
60. [Mais] je ne peux ni voir ni toucher mon âme.
61. Je ne peux ni voir ni toucher mon âme, parce que mon âme est esprit.

LEÇON 6.

—

L'AME EST IMMORTELLE.

62. L'âme est intimement unie au corps.
63. L'union de l'âme avec le corps ne durera pas toujours.
64. L'union de l'âme avec le corps finira à la mort.
65. A la mort, l'âme se séparera du corps.
66.* [Ainsi] la mort est la séparation de l'âme d'avec le corps.
67. Après la mort, on met le corps dans la terre.
68. Dans la terre, le corps se dissout et se pulvérise.
69. Après la mort, l'âme ne se dissout pas, ne se pulvérise pas.
70. L'âme ne se pulvérise pas, parce qu'elle est spirituelle.
71.* L'âme est [aussi] immortelle, elle existera toujours.

LEÇON 7.

JUGEMENT PARTICULIER.

72. L'âme, aussitôt après s'être séparée du corps, ira paraître devant Dieu.

73.* Notre âme sera jugée aussitôt après notre mort.

74.* *Définition.* — Le jugement de notre âme, qui aura lieu aussitôt après notre mort, s'appelle le premier jugement, ou jugement particulier.

75. Après notre mort, l'âme, si elle est trouvée juste et parfaitement pure, ira au Ciel.

LEÇON 8.

LE CIEL.

76.* Le Ciel est la demeure de Dieu, des Anges et des Saints.

77. Dieu a créé le Ciel, pour récompenser les Anges et les Saints.

78. Les Anges et les Saints jouissent, dans le Ciel, d'un bonheur immense.

79. Dans le Ciel, on voit Dieu face à face.

80. Dans le Ciel, on connaît Dieu parfaitement.

81. Dans le Ciel, on est uni à Dieu d'une manière très intime.

82. Dans le Ciel, les Anges et les Saints voient Dieu face à face, le connaissent parfaitement, et lui sont intimement unis.

83. Nous ne pouvons comprendre le bonheur du Ciel, tant il est grand !

84.* Le bonheur du Ciel est très grand, il est immense ; parce que dans le Ciel on voit Dieu, on le connaît, on lui est uni.

85. Le bonheur du Ciel, bonheur infiniment grand, ne finira jamais.

86. Maintenant les corps des Saints ne sont pas au Ciel, ils n'y entreront qu'après le Jugement dernier. Leurs âmes seules sont actuellement au Ciel.

87. [Cependant] le corps de Jésus-Christ est au Ciel, depuis l'Ascension.

87bis.* *Définition.* — Le Ciel est un séjour où l'on est exempt de tous les maux, et où l'on jouit de tous les biens.

Le plus grand bonheur du Ciel, c'est de voir Dieu face à face, et de l'aimer de tout son cœur.

Le Ciel durera toujours.

LEÇON 9.

—

L'ENFER.

88.* L'Enfer est la demeure des démons et des damnés.

89. Dieu a créé l'Enfer pour punir les démons.

90. Les hommes méchants, qui meurent avec un ou plusieurs péchés mortels (grands péchés), sont précipités en Enfer.

91. Les damnés souffrent horriblement dans l'Enfer.

92.* Les damnés, dans l'Enfer, sont plongés dans des flammes qui ne s'éteindront jamais.

93. Les démons, pour faire souffrir [davantage] les damnés, les tourmentent de toutes les manières.

94. [Les damnés sont encore tourmentés par d'autres souffrances]; les damnés sont tourmentés par le plus affreux désespoir.

95.* Le désespoir des damnés vient du regret d'avoir perdu, par leur faute, le bonheur du Ciel.

96. Les tourments de l'Enfer, tourments infiniment grands, ne finiront jamais; ils dureront éternellement.

97. Maintenant les corps des damnés ne sont pas en Enfer, ils n'y entreront qu'après le Jugement dernier. Leurs âmes seules sont actuellement en Enfer.

97bis.* *Définition.* — L'Enfer est une prison horrible, où sont réunis tous les maux.

Les damnés y brûlent dans les flammes au milieu des démons.

Le plus grand malheur des damnés, c'est de ne jamais voir Dieu.

L'Enfer durera toujours.

LEÇON 10.

—

LE PURGATOIRE.

98. Celui qui meurt ayant un péché mortel (grand péché) est précipité dans l'Enfer, pour toujours.

99.* Celui qui meurt ayant un ou plusieurs péchés véniels (petits péchés) ne va pas en Enfer; il va en Purgatoire.

100.* En Purgatoire l'âme souffre beaucoup, avant d'entrer dans le Ciel.

101. Celui qui meurt ayant un u plusieurs péchés véniels (petits péchés), ou qui doit encore quelque chose à Dieu pour ses péchés pardonnés, va dans le Purgatoire et y souffre beaucoup, avant d'entrer dans le Ciel.

102. Au sortir du Purgatoire, les âmes vont au Ciel.

103.* *Définition.* — Le Purgatoire est un lieu de souffrance, où l'âme ne voit pas Dieu, et où, avant d'entrer dans le Ciel, elle souffre beaucoup pour effacer ses péchés véniels ou pour achever d'expier ses péchés pardonnés.

LEÇON 11.

CRÉATION D'ADAM ET D'ÈVE. — PARADIS
TERRESTRE.

104.* C'est Dieu qui a créé le premier homme.

105. Dieu a fait le corps du premier homme
avec de la terre.

106. Dieu a créé une âme, puis il a uni cette
âme au corps du premier homme.

107.* Le premier homme s'appelle Adam.

108. C'est [aussi] Dieu qui a créé la première
femme.

109. Dieu a fait le corps de la première femme
avec une côte d'Adam.

110. Dieu a créé une âme, puis il a uni cette
âme au corps de la première femme.

111.* La première femme s'appelle Ève.

112. Dieu plaça le premier homme et la première femme dans un jardin délicieux.

113. Le jardin délicieux où Dieu plaça le premier homme et la première femme s'appelle Paradis terrestre.

LEÇON 12.

PÉCHÉ D'ADAM ET D'ÈVE. — LEUR CHATIMENT.

114. Dieu créa Adam et Ève bons et saints.

115. Adam et Ève ne restèrent pas bons et
saints.

116. Adam et Eve ne restèrent pas bons et saints, parce qu'ils désobéirent à Dieu.

117.* Adam et Eve désobéirent à Dieu, en mangeant du fruit défendu.

118.* Ce fut le démon qui porta Eve à manger du fruit défendu.

119. Ce fut Eve [ensuite] qui porta Adam à manger du fruit défendu.

120. Pour tenter Eve, le démon prit la forme d'un serpent.

121. Dieu punit Adam et Eve.

122. Voici comment Dieu punit Adam et Eve : il les chassa du Paradis terrestre.

123.* [Ensuite] Dieu condamna Adam et Eve à être précipités dans l'Enfer.

LEÇON 13.

PÉCHÉ ORIGINEL.

124. Adam nous a communiqué son péché.

125.* Nous naissons tous souillés du péché d'Adam, parce que nous sommes ses enfants.

126.* Le péché qu'Adam nous a communiqué s'appelle le péché originel.

127.* Nous devions [donc] être bannis du Ciel, comme Adam, parce que nous naissons tous souillés de son péché.

LEÇON 14.

SAINTE TRINITÉ.

128. Il y a trois personnes en Dieu.

129.* Les trois personnes en Dieu s'appellent : le Père, le Fils et le Saint-Esprit.

130.* Le Père éternel est Dieu.

131.* Le Fils de Dieu est Dieu.

132.* Le Saint-Esprit est Dieu.

133.* Les trois personnes en Dieu ne sont qu'un seul Dieu.

134. Nous ne pouvons comprendre un seul Dieu en trois personnes; parce que c'est un mystère.

135.* *Définition.* — Un mystère est une vérité révélée de Dieu; vérité que nous ne pouvons comprendre, et que, cependant, nous devons croire, parce que Dieu qui l'a révélée ne peut se tromper ni nous tromper.

136. Nous devons croire fermement le mystère d'un seul Dieu en trois personnes; parce que c'est Dieu qui nous a révélé ce mystère.

137.* *Définition.* — Le mystère d'un Dieu en trois personnes, c'est le mystère de la sainte Trinité.

LEÇON 15.

L'INCARNATION.

138. Le Fils de Dieu, c'est la seconde personne de la sainte Trinité.

139.* Jésus-Christ, c'est le Fils de Dieu fait homme, pour sauver Adam et tous les hommes.

140. Voici comment le Fils de Dieu s'est fait homme :

— 1° Le Saint-Esprit forma un corps dans le sein d'une Vierge.

— 2° En même temps, Dieu le Père créa et unit une âme à ce corps.

— 3° Et, au même instant, le Fils de Dieu prit ce corps et cette âme.

— C'est ainsi que le Fils de Dieu s'est fait homme.

141. La Vierge, en qui le Fils de Dieu s'est fait homme, s'appelle Marie.

142.* Marie est mère de Jésus-Christ.

143. Saint Joseph ne fut pas le père de Jésus-Christ : le père de Jésus-Christ, c'est le Père éternel.

— Saint Joseph fut seulement le bienheureux gardien et le nourricier de Jésus-Christ.

144. Jésus-Christ est Dieu.

145. Jésus-Christ est homme.

146.* Jésus-Christ est Dieu et homme tout ensemble.

47. Il y a..... ans que le Fils de Dieu s'est fait homme.

48. Le Fils de Dieu fait homme, c'est un mystère.

49. Le mystère du Fils de Dieu fait homme s'appelle le mystère de l'Incarnation.

50.* *Définition.* — L'Incarnation, c'est le mystère du Fils de Dieu fait homme pour nous sauver.

LEÇON 16.

—

DEUX NATURES EN JÉSUS-CHRIST : LA NATURE DIVINE ET LA NATURE HUMAINE.

51. Le Verbe éternel, avant de s'incarner, n'existait pas comme homme; mais il existait comme Dieu. Il était le Fils de Dieu.

52. Le Fils de Dieu fait homme, reste toujours Dieu, il est toujours le Fils de Dieu.

53. Jésus-Christ, comme Fils de Dieu, a la nature divine.

54.* La nature divine, c'est la réunion de toutes les perfections.

55. Jésus-Christ, comme homme, a la nature humaine.

56.* La nature humaine, c'est une âme et un corps réunis.

157.* Il y a [donc] en Jésus-Christ deux natures :
la nature divine et la nature humaine.

158.* Il y a [également] en Jésus-Christ deux
volontés : la volonté divine et la volonté
humaine.

159. En Jésus-Christ la volonté humaine fut
toujours soumise à la volonté divine.

LEÇON 17.

—

UNE SEULE PERSONNE EN JÉSUS-CHRIST :
LA PERSONNE DIVINE.

160. Nous pensons, connaissons, aimons, agis-
sons de nous-mêmes.

161.* Nous sommes des personnes; car une personne est un être qui pense, connaît,
aime, agit de lui-même.

162.* Une personne humaine est un être qui a
la nature humaine seulement.

163.* Une personne divine est l'être qui a la nature divine.

164. Une âme et un corps réunis sont la nature
humaine, ils ne font pas deux personnes, mais une seule : une personne
humaine.

165. En Jésus-Christ la nature divine et la nature humaine ne font pas deux personnes, mais une seule : une personne divine.

166.* Il n'y a en Jésus-Christ qu'une seule personne.

167.* La personne de Jésus-Christ n'est pas une personne humaine, mais divine. La personne de Jésus-Christ, c'est la personne du Fils de Dieu.

LEÇON 18.

HISTOIRE DE JÉSUS-CHRIST.

168.* Jésus-Christ est né à Bethléem, le 25 décembre, dans une étable, quatre mille ans après le péché d'Adam.

169. Le jour de la naissance de Jésus-Christ s'appelle Noël.

170. Jésus-Christ, tandis qu'il vivait sur la terre, était soumis à Marie et à Joseph.

171. Voici les principales circonstances de la naissance de Jésus-Christ :

— 1° Une *Crèche* fut son berceau.

— 2° Les *Anges* chantèrent un cantique : *Gloire à Dieu*, etc.

— 3° Les *bergers* vinrent l'adorer.

— 4° Les *mages* [ensuite] lui offrirent de l'or, de l'encens et de la myrrhe (1).

---

(1) Espèce de gomme résineuse odorante qui vient de l'Arabie.

172. Voici les principales circonstances de l'enfance de Jésus-Christ :

— 1° Sa *Circoncision*. Huit jours après sa naissance, Jésus-Christ reçut la Circoncision : il versa, pour nous sauver, quelques gouttes de son sang adorable.

— 2° Sa *Présentation*. Quarante jours après sa naissance, Jésus fut présenté à Dieu dans le temple de Jérusalem.

— 3° Sa *fuite en Egypte*. Peu de temps après la Présentation de Jésus, la Sainte Vierge et saint Joseph l'emmenèrent bien loin, en Egypte, pour qu'il ne fût pas massacré par Hérode, roi jaloux, méchant et cruel.

— 4° Sa *présence au milieu des Docteurs*. A douze ans, Jésus, dans le temple de Jérusalem, étonna par sa science les savants qui l'interrogeaient.

173. Jésus-Christ vécut sur la terre environ 33 ans.

174. Jésus-Christ, pendant qu'il était sur la terre, apprit aux hommes à connaître Dieu, à l'aimer, à le servir et à mériter ainsi le Ciel.

175. Jésus-Christ fit plusieurs miracles. En voici quelques-uns : il guérit des aveugles, des sourds, des muets, des paralytiques.

176. Voici [encore] quelques [autres] miracles de Jésus-Christ : il changea l'eau en vin, il ressuscita des morts.

177. Jésus-Christ fit ces miracles pour montrer qu'il était véritablement le Fils de Dieu.

LEÇON 19.

LA RÉDEMPTION.

178.* Jésus-Christ est mort sur une croix, c'est-à-dire que son âme se sépara d'avec son corps.

179. Jésus-Christ est mort le Vendredi-Saint.

180.* Jésus-Christ est mort pour sauver Adam et tous les hommes.

181. Jésus-Christ mort pour nous : c'est un mystère.

182.* Le mystère de Jésus-Christ mort pour nous, c'est le mystère de la Rédemption.

183. Voici les circonstances les plus douloureuses de la Passion et de la Mort de Jésus-Christ :

— 1° *Jésus-Christ agonise* au Jardin des Oliviers, baigné dans une sueur de sang.

— 2° *Est trahi* par l'apôtre Judas qui le vend et le livre à ses ennemis.

— 3° *Est abandonné* de ses apôtres qui s'enfuient.

— 4° *Est renié* par saint Pierre.

— 5° *Est flagellé* cruellement.

— 6° *Est couronné d'épines.*

— 7° *Est chargé de sa Croix,* qu'il porte sur le Calvaire.

— 8° *Est attaché à la Croix,* à midi.

— 9° *Expire* à trois heures, entre deux voleurs crucifiés comme lui.

LEÇON 20.

RÉSURRECTION. — ASCENSION DE JÉSUS-CHRIST.

184. Après la mort de Jésus-Christ, son corps fut détaché de la Croix, enseveli et couché dans un tombeau.

185. Pendant la mort de Jésus-Christ, sa divinité resta toujours unie à son corps et à son âme.

186. Le corps et l'âme de Jésus-Christ, bien que séparés par la mort, furent toujours adorables l'un et l'autre, car la divinité y restait unie.

187. Après la mort de Jésus-Christ, son âme descendit dans les *Limbes*.

188.* *Définition.* — Les *Limbes*, c'est le lieu où reposaient les âmes d'Adam, d'Eve et des autres justes, morts avant Jésus-Christ.

189.* Avant Jésus-Christ, les justes ne pouvaient pas entrer dans le Ciel, parce qu'il était fermé à cause du péché d'Adam. Jésus seul pouvait l'ouvrir.

190.* Jésus-Christ est ressuscité le troisième jour après sa mort, c'est-à-dire : son âme vint se réunir à son corps.

191.* Le jour où Jésus-Christ ressuscita s'appelle le jour de Pâques.

192. Après sa résurrection, Jésus-Christ ne resta que 40 jours sur la terre.

193. [Ensuite] Jésus-Christ monta au Ciel, en présence de ses Apôtres et de ses disciples.

194. Jésus-Christ est entré dans le Ciel :
— 1° Pour recevoir sa récompense et régner éternellement.
— 2° Pour nous préparer une place glorieuse.
— 3° Pour prier toujours Dieu son Père en notre faveur.

195.* Le jour où Jésus-Christ monta au Ciel s'appelle le jour de l'Ascension.

196.* Jésus-Christ, en tant que Dieu [comme Dieu] est partout; et, en tant qu'homme [comme homme], il est au Ciel et dans la sainte Eucharistie.

LEÇON 21.

DIVERS NOMS DONNÉS A JÉSUS-CHRIST.

197.* Jésus-Christ est appelé : *Jésus*, le *Christ*, *Jésus-Christ*, le *Sauveur*, *Emmanuel*, le *Messie*, l'*Agneau de Dieu*, *Notre-Seigneur*, et souvent : *Notre-Seigneur Jésus-Christ*.

198.* *Jésus*. Ce mot veut dire : *Sauveur*. On donne le nom Jésus au Fils de Dieu fait homme, parce qu'il est vraiment le Sauveur des hommes : en mourant sur la croix, il les a sauvés de l'Enfer.

199.* *Christ.* Ce mot veut dire : *Oint* ou *Sacré.*
On donne le nom Christ à Jésus, non
pas qu'il ait reçu, selon l'usage antique,
des onctions pour être sacré roi et prophète, mais parce qu'il est réellement
roi et prophète, plus que roi, plus que
prophète : il est Dieu, il est oint de la
divinité.

200.* *Jésus-Christ.* Ces deux mots veulent dire :
Sauveur-Dieu. Le Fils de Dieu fait
homme porte ces deux noms réunis,
parce qu'il est vraiment Dieu et vraiment Sauveur.

201. *Sauveur.* Ce mot veut dire : qui a *sauvé.*
On donne ce nom à Jésus-Christ parce
que, en mourant sur la croix, il nous a
réellement sauvés de l'Enfer.

202. *Emmanuel.* Ce mot veut dire *Dieu avec
nous.* On donne ce nom à Jésus-Christ,
parce qu'il est Dieu et qu'il habite
parmi nous.

LEÇON 22.

DIVERS NOMS DONNÉS A JÉSUS-CHRIST *(suite).*

203.* *Messie.* Ce mot veut dire : qui est *envoyé.*
On donne ce nom à Jésus-Christ, parce
qu'il a été envoyé par Dieu, son Père,
pour sauver les hommes.

204. *Agneau de Dieu.* Ces mots veulent dire : Agneau donné par Dieu, Agneau offert à Dieu. On donne ce nom à Jésus-Christ, parce que, doux comme un agneau, il a été donné par Dieu, et offert à Dieu pour nous sauver.

205.* *Notre-Seigneur.* Ces mots veulent dire : qui est *notre Maître.* On donne ce nom à Jésus-Christ, parce que, étant Dieu, il est notre Maître, il est notre Seigneur; nous sommes ses sujets.

206. Jésus-Christ est [aussi] appelé : le *Verbe éternel.* Le Verbe éternel, c'est le Fils de Dieu; le Fils de Dieu, c'est la seconde personne de la Sainte Trinité.

207. [Mais] Jésus-Christ n'est pas seulement le Verbe éternel, le Fils de Dieu : Jésus-Christ est le Verbe éternel incarné, c'est le Fils de Dieu fait homme.

LEÇON 23.

—

RÉSURRECTION DES CORPS. — JUGEMENT DERNIER.

208. Quand le monde finira, tous les hommes ressusciteront et sortiront du tombeau.

209.* Tous les hommes ressusciteront pour être jugés.

210.* C'est Jésus-Christ qui jugera tous les hommes, à la fin du monde.

211.* Le second jugement, qui aura lieu à la fin du monde, est appelé *Jugement général* ou *Jugement dernier.*

212. Jésus-Christ descendra du Ciel, pompeusement et majestueusement, à la fin du monde.

213. Au jugement dernier, Jésus-Christ placera les méchants à sa gauche et les bons à sa droite.

214.* Au jugement dernier, Jésus-Christ dira aux méchants : « Allez, maudits, au feu éternel. »

215.* Au jugement dernier, Jésus-Christ dira aux bons : « Venez, les bénis de mon Père, venez avec moi dans le Ciel. »

216. Voici ce qui arrivera aux méchants, après le jugement dernier :
— 1° L'Enfer s'ouvrira ;
— 2° Les méchants tomberont dans l'Enfer pour toujours ;
— 3° Les damnés resteront toujours avec les démons dans l'Enfer.

217. Voici ce qui arrivera aux bons, après le jugement dernier :
— 1° Le Ciel s'ouvrira ;
— 2° Jésus-Christ remontera au Ciel ;
— 3° Les Anges et les justes suivront Jésus-Christ au Ciel.

217bis. *Définition.* — Le jugement que Jésus-Christ prononcera à la fin du monde, sur chaque homme, en présence de tout l'univers, s'appelle Jugement général.

L'ÉGLISE.

—

LEÇON 24.

—

CARACTÈRES DE LA VÉRITABLE ÉGLISE.

218. C'est M. le Curé qui gouverne la Paroisse où nous sommes.

219. C'est Monseigneur l'Evêque qui gouverne notre Diocèse.

220. C'est le Pape qui gouverne tous les Evêques, tous les Curés, tous les Prêtres, tous les Chrétiens.

221.* La réunion du Pape, de tous les Evêques, de tous les Curés, de tous les Prêtres, de tous les Chrétiens, c'est l'Eglise.

222.* Le Pape est le chef de l'Eglise, le chef visible.

223.* Jésus-Christ est le chef invisible de l'Eglise.

224. L'Eglise est *Une*.

— 1° Elle n'a qu'*Un* chef, Jésus-Christ, et le Pape, qui est le Vicaire de Jésus-Christ.

— 2° L'Eglise n'a qu'*Une* seule croyance : tous les Chrétiens croient les mêmes vérités enseignées par Jésus-Christ.

225. L'Eglise est *Sainte*, parce que :

— 1° Son chef, Jésus-Christ, est *Saint;*

— 2° Sa croyance est *Sainte*, les vérités qu'elle croit sont *Saintes;*

— 3° Ses Sacrements sont *Saints;*

— 4° Ses membres, les Chrétiens, sont *Saints,* s'ils le veulent.

226. L'Eglise est appelée *Eglise Catholique,* parce qu'elle est répandue par toute la terre.

227. L'Eglise est [aussi] appelée *Apostolique,* parce qu'elle a été fondée par les Apôtres.

228. L'Eglise *Une, Sainte, Catholique* et *Apostolique,* est appelée *Romaine,* parce que le chef visible de l'Eglise est l'Evêque de *Rome.* Habituellement, il réside à Rome.

229. C'est un grand bonheur d'appartenir à l'Eglise Catholique, parce que, si l'on n'appartient pas à l'Eglise Catholique, on ne peut mériter la vie éternelle (le Ciel).

230.* *Définition.* — L'Eglise est la Société des fidèles qui sont unis entre eux par la profession d'une même foi, par la participation aux mêmes Sacrements, et qui obéissent aux Pasteurs légitimes, aux Evêques, surtout au Pape.

LEÇON 25.

231. Parmi les hommes, plusieurs ne croient pas en Jésus-Christ.

232. Les hommes qui ne croient pas en Jésus-Christ sont : les Juifs, les Païens, les Mahométans.

233. Les hommes qui ne croient pas en Jésus-Christ n'iront pas au Ciel.

234. Les Juifs, les Païens, les Mahométans, n'iront pas au Ciel, parce que, pour aller au Ciel, il faut croire en Jésus-Christ.

235.* On appelle Chrétiens les hommes qui, étant baptisés, croient en Jésus-Christ.

236.* Je suis chrétien, parce que je suis baptisé, et parce que je crois en Jésus-Christ. Je crois tout ce que croit et enseigne l'E-glise, et je suis soumis au Pape.

237. Parmi les Chrétiens, plusieurs ne croient pas toutes les vérités enseignées par l'Eglise.

238. On appelle Hérétiques les Chrétiens qui ne croient pas toutes les vérités ensei-gnées par l'Eglise.

239. Parmi les Chrétiens, plusieurs refusent de reconnaître le Pape pour chef de l'Eglise.

240. On appelle Schismatiques les Chrétiens qui refusent de reconnaître le Pape pour chef de l'Eglise.

LEÇON 26.

—

HORS DE L'ÉGLISE, PAS DE SALUT.

241. Les Païens et les Juifs n'appartiennent pas à l'Eglise, car ils ne sont pas baptisés.

242. Les enfants morts sans Baptême n'appartiennent pas à l'Eglise, parce que, pour appartenir à l'Eglise, il faut nécessairement être baptisé.

243. Les enfants morts sans Baptême ne vont pas au Ciel.

244. Les enfants morts sans Baptême sont privés de la vue de Dieu, et du bonheur du Ciel. Toutefois nous pouvons croire qu'ils ne sont pas malheureux.

245. Les hommes qui, ayant l'âge de raison, meurent privés du Baptême, mais sans péchés mortels, ont le même sort que les enfants morts sans Baptême.

246. Les Païens, les Juifs et les Mahométans peuvent [donc] jouir, après la mort, du sort des enfants morts sans Baptême, et ne pas être malheureux.

247. Un *apostat* est celui qui renonce à la Foi catholique.

248. Un *excommunié* est celui qui est retranché de la Société de l'Eglise, et privé de ses biens spirituels, à cause de ses grands péchés.

249. Les *apostats* et les *excommuniés* n'appartiennent plus à l'Eglise.

LEÇON 27.

ÉGLISE MILITANTE — SOUFFRANTE — TRIOMPHANTE.

250. Les fidèles qui sont sur la terre et obéissent au Pape, les âmes qui sont dans le Purgatoire, et les Saints qui sont au Ciel, appartiennent tous à l'Eglise de Jésus-Christ, et forment la société universelle des Chrétiens.

251. L'Eglise de Jésus-Christ a [donc] des personnes qui lui appartiennent :
— 1° Sur la terre ;
— 2° Dans le Purgatoire ;
— 3° Au Ciel.

252. La société des fidèles qui sont sur la terre s'appelle *Eglise militante* (combattante), parce que les Fidèles, sur la terre, militent (combattent) contre le démon, le monde et les passions, pour pratiquer la vertu.

253. La société des âmes qui sont dans le Purgatoire s'appelle *Eglise souffrante*, parce

3

que les âmes, dans le Purgatoire, souffrent beaucoup.

254. [Enfin] la société des Saints qui sont au Ciel s'appelle *Eglise triomphante,* parce que les Saints, au Ciel, triomphent et triompheront éternellement.

255.* L'Eglise de Jésus-Christ a des membres : — 1° Sur la terre ; — 2° Dans le Purgatoire ; — 3° Au Ciel. Cependant, il n'y a pas trois Eglises, il n'en existe qu'une seule : l'Eglise de Jésus-Christ.

EXPLICATION DU SYMBOLE DES APOTRES.

LEÇON 28.

SYMBOLE DES APOTRES.

256.* Les Apôtres sont des hommes (douze) que Notre-Seigneur Jésus-Christ a choisis pendant qu'il était sur la terre, pour prêcher l'Evangile et gouverner son Eglise.

257. Avant de se séparer, les Apôtres ont rédigé, en douze articles, une profession de foi contenant les principales vérités que Notre-Seigneur leur avait enseignées.

258.* Le *Symbole des Apôtres* est [donc] la profession de foi rédigée par les Apôtres eux-mêmes.

259. Voici le Symbole des Apôtres, divisé en douze articles :

I. Je crois en un seul Dieu, le Père tout-puissant, Créateur du Ciel et de la terre.

II. Je crois aussi en Jésus-Christ, son Fils unique, Notre-Seigneur;

III. Qui a été conçu du Saint-Esprit, est né de la Vierge Marie;

IV. Qui a souffert sous Ponce-Pilate, a été crucifié, est mort, et a été enseveli;

V. Est descendu aux enfers; est ressuscité le troisième jour;

VI. Est monté au Ciel, est assis à la droite de Dieu le Père tout-puissant;

VII. D'où il viendra pour juger les vivants et les morts;

VIII. Je crois encore au Saint-Esprit;

IX. La sainte Église catholique, la Communion des Saints;

X. La rémission des péchés;

XI. La résurrection de la chair;

XII. La vie éternelle. Ainsi soit-il.

LEÇON 29.

PREMIER ARTICLE DU SYMBOLE DES APOTRES.

Je crois en Dieu, le Père tout-puissant, créateur du Ciel et de la terre.

260. Je crois.	Ces paroles du Symbole des Apôtres veulent dire : Je suis très persuadé, je suis très convaincu que toutes les vérités contenues dans le *Symbole* sont vraies, certaines, incontestables, parce que c'est Dieu lui-même qui les a dites ; Dieu qui ne peut ni se tromper ni nous tromper.
261. (Je crois) en Dieu.	Ces paroles du Symbole des Apôtres veulent dire : Je crois qu'il y a un seul Dieu.
262. (Je crois en Dieu) *le Père.*	Ces paroles du Symbole des Apôtres veulent dire : Je crois que la première personne de la Sainte Trinité est le Père.
263. (Je crois en Dieu le Père) *tout-puissant.*	Ces paroles du Symbole des Apôtres veulent dire : Je crois que Dieu fait tout ce qu'il veut.
264. (Je crois en Dieu le Père tout-puissant), *Créateur du Ciel et de la terre.*	Ces paroles du Symbole des Apôtres veulent dire : Je crois que Dieu a créé tout ce qui existe ; il a tout créé, excepté lui-même ; il ne s'est pas créé, car il est éternel.

LEÇON 30.

—

(Je crois) *en Jésus-Christ, son Fils unique,*
Notre Seigneur.

265. (Je crois) *en Jésus - Christ, son Fils.* — Ces paroles du Symbole des Apôtres veulent dire : Je crois que la seconde personne de la Sainte Trinité est le Fils du Père éternel.

266. (Je crois en Jésus - Christ, son Fils) *unique.* — *Unique :* Cette parole du Symbole des Apôtres veut dire : Je crois que le Père éternel n'a pas d'autre Fils que Jésus-Christ, le Verbe éternel.

267. (Je crois en Jésus - Christ, son Fils unique), *Notre-Seigneur.* — Ces paroles du Symbole des Apôtres veulent dire : Je crois que Jésus-Christ est notre souverain Maître et que par conséquent nous lui devons respect et obéissance.

LEÇON 31.

TROISIÈME ARTICLE DU SYMBOLE.

(Je crois en Jésus-Christ) qui a été conçu du Saint-Esprit, est né de la Vierge Marie.

268. (Je crois en Jésus-Christ) *qui a été conçu du Saint-Esprit.* — Ces paroles du Symbole des Apôtres veulent dire : Je crois que :

1° le Saint-Esprit a formé, dans le sein de la sainte Vierge, un corps humain ;

2° le Fils de Dieu a pris ce corps ;

3° en même temps, il a pris une âme : il s'est uni à ce corps et à cette âme : il s'est incarné.

269. (Je crois en Jésus-Christ qui) *est né de la Vierge Marie.* — Ces paroles du Symbole des Apôtres veulent dire : Je crois que Jésus-Christ est né parmi les hommes, et que sa Mère est Marie, qui fut toujours vierge.

LEÇON 32.

—

(Je crois en Jésus-Christ qui) a souffert sous Ponce-Pilate — a été crucifié — est mort — a été enseveli.

270. (Je crois en Jésus-Christ qui) *a souffert sous Ponce-Pilate.*

Ces paroles du Symbole des Apôtres veulent dire : Je crois que Ponce-Pilate, étant gouverneur romain dans la Judée, a condamné Jésus-Christ à mort, et que Jésus-Christ a beaucoup souffert.

270bis. (Je crois en Jésus-Christ qui) *a été crucifié.*

Ces paroles du Symbole des Apôtres veulent dire : Je crois que Jésus-Christ a été attaché à une croix.

271. (Je crois en Jésus-Christ qui) *est mort.*

Ces paroles du Symbole des Apôtres veulent dire : Je crois que, sur la croix, Jésus-Christ a rendu le dernier soupir; son âme s'est séparée de son corps; il est mort crucifié.

272. (Je crois en Jésus-Christ qui) *a été enseveli.*

Ces paroles du Symbole des Apôtres veulent dire : Je crois que, après la mort de Jésus-Christ, son corps fut détaché de la croix, enseveli dans un linceul, et couché dans un tombeau.

LEÇON 33.

CINQUIÈME ARTICLE DU SYMBOLE.

(Je crois en Jésus-Christ qui) *est descendu aux Enfers, — le troisième jour est ressuscité des morts.*

273. (Je crois en Jésus - Christ qui) *est descendu aux Enfers.*

Ces paroles du Symbole des Apôtres veulent dire : Je crois que, après la mort de Jésus-Christ, son âme descendit dans les Limbes, où étaient les âmes des justes morts avant lui.

274. (Je crois en Jésus - Christ qui), *le troisième jour, est ressuscité des morts.*

Ces paroles du Symbole des Apôtres veulent dire : Je crois que Jésus-Christ, trois jours après sa mort, réunit son âme à son corps; qu'il ressuscita pour ne plus mourir, et sortit glorieux du tombeau.

LEÇON 34.

SIXIÈME ARTICLE DU SYMBOLE.

(Je crois en Jésus-Christ qui) *est monté aux Cieux,* — *est assis à la droite de Dieu, le Père tout-puissant.*

275.* (Je crois en Jésus - Christ qui) *est monté aux Cieux.*

Ces paroles du Symbole des Apôtres veulent dire : Je crois que, quarante jours après sa Résurrection, Jésus monta lui-même dans le Ciel.

276. (Je crois en Jésus - Christ qui) *est assis à la droite de Dieu, le Père tout-puissant.*

Ces paroles du Symbole des Apôtres veulent dire : Je crois que Dieu le Père a donné à Jésus-Christ, son Fils, toute puissance au Ciel et sur la terre.

LEÇON 35.

SEPTIÈME ARTICLE DU SYMBOLE.

(Je crois en Jésus-Christ qui est monté aux Cieux), *d'où il viendra juger les vivants et les morts.*

277.* (Je crois en Jésus - Christ, qui est monté aux Cieux), *d'où il viendra juger.*

Ces paroles du Symbole des Apôtres veulent dire : Je crois que, à la fin du monde, Jésus-Christ descendra du Ciel, plein de gloire et de majesté, pour juger tous les hommes.

278. (Je crois que Jésus - Christ viendra juger) *les vivants et les morts.*

Ces paroles du Symbole des Apôtres veulent dire : Je crois que :

1° Jésus-Christ jugera les hommes *vivants ;* c'est-à-dire les hommes sans péché, et qui vivent de la vie de la grâce : ils sont vivants ;

2° Jésus-Christ jugera les hommes *morts ;* c'est-à-dire les hommes pécheurs, ceux dont l'âme a des péchés mortels — au moins un — et qui, par conséquent, ne vivent pas de la vie de la grâce : ils sont morts.

Jésus-Christ jugera les justes et les pécheurs : il jugera tous les hommes.

LEÇON 36.

—

HUITIÈME ARTICLE DU SYMBOLE.

Je crois au Saint-Esprit.

279. *Je crois au Saint-Esprit.*

Ces paroles du Symbole des Apôtres veulent dire : Je crois que :

1° La troisième personne de la Sainte Trinité est le Saint-Esprit :

2° Le Saint-Esprit procède du Père et du Fils :

3° Le Saint-Esprit est Dieu, comme le Père et comme le Fils ;

4° Le Saint-Esprit est un même Dieu avec le Père et un même Dieu avec le Fils ; quoiqu'il ne soit pas la même personne que le Père éternel, ni la même personne que le Fils de Dieu.

LEÇON 37.

NEUVIÈME ARTICLE DU SYMBOLE.

(Je crois) *la sainte Église catholique, la Communion des Saints.*

280. * (Je crois) la sainte Église. — Ces paroles du Symbole des Apôtres veulent dire : Je crois que :

1° L'Église est la société de tous ceux qui professent la foi de Jésus-Christ, obéissent aux Évêques, et surtout au Pape, chef visible de l'Église.

2° L'Église est une société sainte.

281. (Je crois l'Église) *catholique.* — Cette parole du Symbole des Apôtres veut dire : Je crois que l'Église de Jésus-Christ est répandue par toute la terre ; il y a des Catholiques partout.

282. *Unité de l'Eglise.*

282. L'Eglise triomphante, l'Eglise souffrante et l'Eglise militante ne sont pas trois Eglises, mais une seule Eglise dont Jésus-Christ est le chef.

283. *(Je crois) la Communion des Saints.*

Ces paroles du Symbole des Apôtres veulent dire : Je crois que :

1° Les *mérites infinis de Jésus-Christ*, les Sacrements et surtout le saint sacrifice de la Messe; les *mérites de la sainte Vierge et des Saints du Ciel*; leurs prières; les *indulgences*; enfin les *mérites des Fidèles* qui sont sur la terre, leurs bonnes actions et leurs prières; tout cela forme les *biens spirituels* de l'Eglise.

2° Tous ces *biens spirituels* sont communiqués aux Catholiques qui sont sur la terre.

3° Les âmes du Purgatoire sont soulagées, ou même complétement délivrées par le saint sacrifice de la Messe, par les bonnes actions et par les prières des Catholiques qui vivent sur la terre.

LEÇON 38.

DIXIÈME ARTICLE DU SYMBOLE.

(Je crois) *la rémission des péchés.*

284.* (Je crois) *la rémission des péchés.*

Ces paroles du Symbole des Apôtres veulent dire : Je crois que :

1° Le Pape, les Evêques et les Prêtres ont le pouvoir d'effacer les péchés.

2° Les péchés sont effacés par les Sacrements de Baptême, de Pénitence, et quelquefois par le Sacrement d'Extrême-Onction.

LEÇON 39.

ONZIÈME ARTICLE DU SYMBOLE.

(Je crois) *la résurrection de la chair.*

285.* (Je crois) *la résurrection de la chair.*

Ces paroles du Symbole des Apôtres veulent dire : Je crois que :

1° A la fin du monde, toutes les âmes des morts se réuniront à leurs corps.

2° Dieu ressuscitera [ainsi] les corps, pour que, au Ciel, les âmes des

justes soient récompensées dans
le corps qui, sur la terre, aura
servi à faire le bien ; et pour que,
en Enfer, les âmes des pécheurs
soient punies dans le corps qui,
sur la terre, aura servi à faire
le mal.

LEÇON 40.

DOUZIÈME ARTICLE DU SYMBOLE.

(Je crois) *la Vie éternelle*.

286.* (Je crois) *la vie éternelle*. | Ces paroles du Symbole des Apôtres veulent dire : Je crois que :

1° Les Saints *vivront éternellement* dans le Ciel, et y seront éternellement heureux avec la sainte Vierge et les Anges, parce qu'ils verront Dieu.

2° Les méchants souffriront éternellement dans le feu de l'Enfer, et y seront éternellement malheureux avec les démons, parce qu'ils ne verront jamais Dieu.

O mon Dieu, préservez-nous de l'Enfer !

O mon Dieu, conduisez-nous au Ciel !!!

DEUXIÈME PARTIE.

LES SEPT SACREMENTS.

GRACE.

LEÇON 41.

DE LA GRACE.

287. Jésus-Christ est mort pour nous sauver de l'Enfer, et pour nous ouvrir le Ciel.

288. Jésus-Christ est mort pour nous mériter la grâce.

289.* La grâce nous est absolument nécessaire pour aller au Ciel.

290. La grâce nous est absolument nécessaire pour aller au Ciel, parce que, sans la grâce :

— 1° Nous ne pourrions pas croire en Jésus-Christ.

— 2° Ni aimer Dieu.

— 3° Ni espérer en Dieu.

— 4° Ni bien nous repentir de nos péchés.

291. On ne peut [donc] nullement mériter le Ciel sans la grâce.

292. La grâce, c'est un secours surnaturel que Dieu nous donne, à cause des mérites de Jésus-Christ, pour que nous allions au Ciel; ce secours est tantôt une bonne pensée, tantôt un saint désir, tantôt une grande force pour éviter le péché, tantôt un puissant attrait pour pratiquer la vertu.

293.* *Définition.* — La grâce est [donc] un secours surnaturel que Dieu nous accorde, à cause des mérites de Jésus-Christ, pour que nous allions au Ciel.

294. La grâce de Dieu ne suffit pas seule pour aller au Ciel, il faut encore y coopérer : c'est-à-dire en suivre les inspirations et les bons mouvements.

295. Les moyens pour avoir la grâce sont : la prière et les sacrements.

296. Pour avoir la grâce, il faut [donc] la demander instamment.

297. C'est à Dieu qu'il faut demander la grâce, car Dieu seul la donne.

298. Pour obtenir la grâce, il faut [aussi] recevoir les sacrements, surtout la Pénitence et l'Eucharistie.

LEÇON 42.

—

GRACE SANCTIFIANTE OU HABITUELLE.

299. Celui qui n'a pas de péché mortel dans l'âme possède une grâce qui le rend

saint, beau et agréable aux yeux de
Dieu.

300. La Grâce qui rend notre âme sainte, belle
et agréable aux yeux de Dieu, s'appelle
Grâce *sanctifiante* ou Grâce *habituelle*.

301. Celui qui a la Grâce sanctifiante (Grâce
habituelle) est Saint, et, s'il meurt avec
cette grâce dans l'âme, il va au Ciel.

302. Le péché mortel donne la mort à l'âme,
c'est-à-dire chasse la Grâce sanctifiante
hors de l'âme.

303.* *Définition.* — La *Grâce sanctifiante*, nom-
mée aussi *Grâce habituelle*, est une
grâce qui fait habiter Dieu dans notre
âme ; elle nous rend saints et dignes
d'aller au Ciel.

LEÇON 43.

GRACE ACTUELLE.

304. Dieu nous donne des secours pour nous
aider à ne pas pécher et à bien faire
nos actions, et, par là, nous faire aller
au Ciel.

305. Le secours que Dieu nous donne [ainsi]
pour nous aider à aller au Ciel s'appelle
Grâce actuelle.

306.* *Définition.* — La *Grâce actuelle* est un
secours que Dieu nous donne, pour
nous aider à ne pas pécher et à bien
faire nos actions.

SACREMENTS.

LEÇON 44.

DU BAPTÊME (DÉFINITION).

307. J'ai reçu le Baptême il y a..... ans.

308. C'est le Baptême qui a effacé le péché originel que j'avais dans l'âme en venant au monde.

309. Le Baptême imprime dans l'âme un caractère ineffaçable.

310. On ne peut recevoir le Baptême qu'une fois, parce qu'il imprime dans l'âme un caractère ineffaçable.

311. Le caractère du Baptême est la marque spirituelle du Chrétien.

312. Ordinairement, ce sont les prêtres qui administrent le Baptême.

313. [Cependant toute autre personne] tout le monde peut donner le Baptême, en cas de nécessité, quand il n'y a pas de Prêtre pour baptiser.

314. Pour baptiser, il faut que celui qui baptise :
— 1° Verse de l'eau naturelle sur celui qu'il baptise ;
— 2° Qu'en même temps il dise : « *Je te baptise au nom du Père, et du Fils, et du Saint-Esprit. Ainsi soit-il.* »

315.* *Définition.* — Le Baptême est le premier
des Sacrements : il efface le péché originel, et même tous les autres péchés
commis avant le Baptême ; il nous sauve
de l'Enfer et du Purgatoire ; de plus, il
nous fait Chrétiens, enfants de Dieu et
de l'Eglise.

LEÇON 45.

—

DU BAPTÊME *(suite).* — SA NÉCESSITÉ.

316.* Il faut avoir reçu le Baptême pour aller
au Ciel.

317. Le Baptême est le plus nécessaire des
Sacrements, parce que, sans le Baptême
on ne peut aller au Ciel.

318. S'il est impossible d'être baptisé, le Baptême peut être suppléé par le martyre.

319. S'il est impossible d'être baptisé et si l'on
n'est pas martyrisé, le Baptême peut
[encore] être suppléé par un acte d'a-
mour de Dieu, amour parfait, joint au
désir de recevoir le Baptême le plus tôt
possible.

320. [Ainsi] on distingue trois sortes de Baptême :

— 1° Le Baptême d'eau — celui-là seul est
un Sacrement ;

— 2° Le Baptême de sang, le martyre ;

— 3° Le Baptême de désir, le désir de recevoir le Baptême.

LEÇON 46.

DU BAPTÊME *(suite).* — NOMS DE BAPTÊME. — PATRONS. — PROMESSES DU BAPTÊME. — PARRAIN ET MARRAINE.

I.

321. Avant le Baptême, le Prêtre donne le *nom* d'un Saint, ou les noms de plusieurs Saints, à celui qu'il va baptiser.

322. La personne qui se nomme *Joseph*, a pour *nom de Baptême* Joseph, et saint Joseph est son Patron.

323. La personne qui se nomme *Marie,* a pour *nom de Baptême* Marie, et sainte Marie est sa Patronne.

324.* Nos saints Patrons sont les Saints du Ciel, dont nous portons les noms ; ils nous protégent.

II.

325.* Voici les promesses du Baptême que l'on fait en recevant ce Sacrement :

— 1° Nous avons promis de croire la doctrine de Jésus-Christ ; c'est-à-dire de croire toutes les vérités que Jésus-Christ a révélées ;

— 2° Nous avons promis de pratiquer fidèle-

ment les commandements de Dieu et
de l'Eglise;
— 3° Nous avons renoncé au démon, à ses
œuvres et à ses pompes.

326. Les œuvres du démon, ce sont les péchés.
327. Les pompes du démon, ce sont les maxi-
mes du monde et ses vanités.
328. Il est très important de renouveler souvent
les promesses de son Baptême.

III.

329. Nos parrains et marraines nous présentè-
rent au Baptême.
330. Nos parrains et marraines ont fait pour
nous les promesses du Baptême, parce
que nous ne pouvions pas parler.
331. Les parrains et marraines doivent veiller
sur leurs filleuls — prier pour eux — et
leur donner, ou faire donner, l'instruction religieuse, si les parents ne peuvent le faire.

LEÇON 47.

DE LA CONFIRMATION.

332. J'ai été confirmé...
333. Je n'ai pas été confirmé...
334. N. a été confirmé
335. N. n'a pas été confirmé

336.* C'est le sacrement de Confirmation qui nous donne le Saint-Esprit.

337. Celui qui reçoit la Confirmation reçoit non-seulement le Saint-Esprit, mais encore les dons du Saint-Esprit, et surtout la force nécessaire pour être parfait chrétien.

338. Il n'est pas absolument nécessaire d'être confirmé pour aller au Ciel.

339. [Mais] celui qui néglige de recevoir la Confirmation, pèche.

340. On ne peut recevoir la Confirmation qu'une seule fois, parce qu'elle imprime dans l'âme un caractère ineffaçable.

341. Le caractère de la Confirmation est la marque spirituelle du parfait chrétien.

342. C'est l'Evêque qui administre la Confirmation ordinairement.

343. Pour confirmer :
— 1° L'Evêque étend les mains ;
— 2° En même temps qu'il met de l'huile sainte sur le front de celui qu'il confirme, il dit : « *Je te marque du signe de la Croix ; et je te confirme, avec le saint Chrême du salut : au nom du Père, et du Fils, et du Saint-Esprit.* »

344.* *Définition.* — La Confirmation est un Sacrement qui nous donne le Saint-Esprit, et des grâces abondantes ; et qui nous rend parfaits chrétiens.

LEÇON 48.

SACREMENT D'EUCHARISTIE.

345. L'Eucharistie est un Sacrement qui contient réellement le corps, le sang, l'âme et la Divinité de Notre-Seigneur Jésus-Christ, sous les espèces ou apparences du pain et du vin.

346. Le Sacrement de l'Eucharistie est [donc] le plus grand, le plus saint et le plus beau des Sacrements, parce que le corps, le sang, l'âme et la Divinité de Jésus-Christ sont dans l'Eucharistie.

347. Communier, c'est recevoir le corps, le sang, l'âme et la Divinité de Notre-Seigneur Jésus-Christ dans l'Eucharistie.

348. Avant de recevoir le Sacrement de l'Eucharistie, il faut se bien préparer.

349. Pour recevoir dignement l'Eucharistie, il faut ne pas avoir de péché mortel dans l'âme et être à jeun, c'est-à-dire n'avoir ni bu ni mangé depuis minuit.

350. Celui qui communie indignement profane le Corps et le Sang de Jésus-Christ.

351. Communier indignement, c'est le plus grand et le plus horrible de tous les sacrilèges.

352. Dieu punit avec une très grande sévérité ceux qui communient indignement.

LEÇON 49.

SAINT SACRIFICE DE LA MESSE.

353. Autrefois on offrait à Dieu des taureaux, des agneaux, des colombes, etc.

354. Autrefois on offrait à Dieu des taureaux, des agneaux, des colombes, etc., pour :
— 1° l'adorer ;
— 2° le remercier ;
— 3° lui demander ses grâces ;
— 4° solliciter le pardon des péchés.

355. Jésus-Christ, en mourant pour nous sur la Croix, a offert son Corps et son Sang, à Dieu son Père.

356. Maintenant on offre à Dieu le Corps et le Sang de Jésus-Christ.

357.* C'est à la Messe que l'on offre à Dieu le Corps et le Sang de Jésus-Christ.

358. A la Messe, Jésus-Christ descend sur l'autel.

359. Jésus-Christ descend sur l'autel, lorsque le Prêtre consacre le pain et le vin.

360. Par ces paroles de la consécration : *Ceci est mon corps;* le pain est changé au Corps de Jésus-Christ; et par ces autres paroles : *Ceci est mon sang;* le vin est changé au Sang de Jésus-Christ.

361. Quand le Prêtre élève la sainte Hostie, il faut adorer Jésus-Christ, présent dans l'Hostie, sous l'apparence du pain.

— Et quand le Prêtre élève le Calice, il faut adorer Jésus-Christ, présent dans le Calice, sous l'apparence du vin.

362. Le sacrifice de la Messe est plus parfait que les sacrifices anciens; parce que, autrefois, on n'offrait à Dieu que des animaux; et maintenant, on offre le Corps et le Sang de Jésus-Christ, cachés sous les apparences du pain et du vin.

363. A la Messe, on offre le Corps et le Sang de Jésus-Christ pour quatre fins :
— 1° Pour adorer Dieu ;
— 2° Pour le remercier;
— 3° Pour demander ses grâces ;
— 4° Pour solliciter le pardon des péchés.

364.* *Définition.* — La Messe est un véritable sacrifice du Corps et du Sang de Jésus-Christ; sacrifice non sanglant que Jésus-Christ offre lui-même à Dieu, son Père, sous les espèces ou apparences du pain et du vin, par les mains des Prêtres.

LEÇON 50.

—

SAINT SACRIFICE DE LA MESSE *(suite).* — QUAND ET COMMENT IL FAUT Y ASSISTER.

365.* Il faut assister à la Messe les Dimanches et les Fêtes d'obligation.

366. Il faut assister à la Messe dévotement.

367. Pendant la Messe, il faut, avec Jésus-
    Christ :
— 1° Adorer Dieu de tout notre cœur ;
— 2° Le remercier très affectueusement de
    ses bienfaits ;
— 3° Le prier de nous accorder ses grâces ;
— 4° Lui demander pardon de nos péchés.

368. Pendant la Messe, il faut prier :
— pour le Pape,
— pour l'Evêque,
— pour nos supérieurs spirituels,
— pour nos supérieurs temporels.

369. Pendant la Messe, il faut prier [aussi]
    pour :
— nos parents,
— nos bienfaiteurs,
— nos amis,
— nos ennemis,
— pour tous les hommes.

370. Pendant la Messe, il faut prier [aussi] pour
    les âmes qui souffrent dans le Purga-
    toire.

371. Nous devons prier pour les âmes du Pur-
    gatoire, afin que Dieu leur fasse misé-
    ricorde et les reçoive dans le Ciel.

LEÇON 51.

PÉCHÉS ACTUELS. — PÉCHÉ MORTEL. — PÉCHÉ VÉNIEL.

372.* Le péché est une désobéissance à Dieu.

373. Quand nous péchons, les péchés que nous faisons s'appellent : péchés actuels.

374.* Les péchés actuels sont les péchés que nous commettons depuis que nous avons l'âge de raison.

375. On pèche : par pensées, par paroles ou par signes, par actions, par omissions.

376.* Il y a deux sortes de péchés actuels :
— 1° Les péchés mortels (grands péchés) ;
— 2° Les péchés véniels (petits péchés).

377.* Le péché mortel est une désobéissance à Dieu, en chose grave, avec un entier consentement, et avec une complète advertance.

378.* Le péché véniel est une désobéissance à Dieu, en chose légère, — ou bien en chose grave, mais sans un entier consentement.

379. Si l'on vole peu de chose, par exemple : deux ou trois sous, la matière de ce péché est légère.

380. Si l'on fait un mensonge pour rire, et qui ne nuit à personne, la matière de ce péché est [encore] légère.

381. [Mais] si l'on vole une somme considéra-
ble, par exemple : 10 francs, 50 francs,
100 francs, la matière de ce péché est
grave.
— Si l'on blasphême contre Dieu, la matière
de ce péché est [encore] grave.

382. Dans un péché, il y a consentement parfait et complète advertance, lorsque, en
péchant, on remarque la gravité du
péché, et même lorsqu'on ne la remarque pas, si l'on peut et si l'on doit la
remarquer.

383. Quand on fait un péché véniel, on mérite
le Purgatoire. — Et quand on fait un
péché mortel, on mérite l'Enfer.

LEÇON 52.

SACREMENT DE PÉNITENCE.

384. Quand on a péché, il faut recevoir le
Sacrement de Pénitence, pour obtenir
le pardon de son péché.

385.* *Définition*. — Le Sacrement de Pénitence
est un Sacrement institué par Jésus-
Christ, pour effacer tous les péchés
commis après le Baptême.

386. Pour bien recevoir le Sacrement de Pénitence, il faut :
— 1° Examiner sa conscience ;
— 2° Etre contrit de ses péchés ;

— 3° Se confesser;
— 4° Recevoir l'absolution;
— 5° Faire la Pénitence imposée par le Prêtre.

LEÇON 53.

—

DE L'EXAMEN DE CONSCIENCE.

387.* Pour bien nous confesser, il faut, auparavant, bien examiner notre conscience, c'est-à-dire, chercher les péchés que nous avons commis.

388. Pour bien examiner notre conscience, prions Dieu qu'il nous rappelle nos péchés.

389. Après avoir prié Dieu, réfléchissons pour nous rappeler nos péchés.

390. Avant d'aller nous confesser :

— 1° Rappelons-nous si nous avons violé les commandements de Dieu et les commandements de l'Eglise;

— 2° Rappelons-nous si nous avons été orgueilleux, avares, luxurieux, gourmands, envieux, colères, paresseux.

391. Il importe de chercher tous nos péchés; mais nous ne pouvons nous dispenser de chercher nos péchés mortels commis par pensées, par désirs, par paroles ou par signes, par actions, par omissions.

LEÇON 54.

—

CONTRITION PARFAITE. — CONTRITION IMPARFAITE.

392. Pour bien recevoir le Sacrement de Pénitence, il est absolument nécessaire
d'être contrit de ses péchés.

393. La Contrition est le regret d'avoir offensé
Dieu et la ferme volonté de ne plus
pécher.

394. Il y a deux sortes de Contritions :
— 1° La Contrition parfaite;
— 2° La Contrition imparfaite.

395. La Contrition parfaite est la Contrition
qui fait que l'on se repent d'avoir offensé Dieu, parce que Dieu est infiniment bon et parce que le péché lui
déplaît.

396. La Contrition imparfaite est la Contrition
qui fait que l'on se repent d'avoir offensé Dieu, parce qu'on craint qu'il
nous précipite en Enfer : dans cette
Contrition il faut un commencement
d'amour de Dieu.

397. La Contrition parfaite n'est pas absolument nécessaire pour bien recevoir le
Sacrement de Pénitence.

398. La Contrition imparfaite suffit pour bien
recevoir le Sacrement de Pénitence.

LEÇON 55.

—

DE LA CONTRITION *(suite)*. — SES QUALITÉS.

399. Il faut nous exciter à la Contrition.

400. Pour nous exciter vivement à la Contrition, nous devons considérer que :
— 1° Nos péchés irritent Dieu contre nous ;
— 2° Nos péchés nous méritent l'Enfer ;
— 3° Nos péchés nous font perdre le Ciel ;
— 4° Nos péchés ont crucifié Jésus-Christ ;
— 5° Nos péchés offensent Dieu, infiniment bon et infiniment aimable.

401. Pour que la Contrition soit bonne :
— 1° Il faut être contrit du fond du cœur ;
— 2° Il faut se repentir de tous ses péchés, au moins des péchés mortels ;
— 3° Il faut être peiné de ses péchés plus que de tous les autres maux ;
— 4° Il faut se repentir, parce que nos péchés irritent Dieu, nous méritent l'Enfer, nous font perdre le Ciel et ont crucifié Jésus-Christ. — Le plus parfait serait de se repentir, parce que Dieu est infiniment bon et infiniment aimable.

402. Pour avoir la Contrition, il faut la demander à Dieu.

403. Il faut demander à Dieu la Contrition, parce que Dieu seul peut la donner.

404. Nous devons particulièrement nous exciter

à la Contrition, quand nous nous con-
·fessons.

405. Pendant que le Prêtre nous donne l'Absolution, nous devons faire un acte de
Contrition de tout notre cœur.

406. Voici un acte de Contrition : Mon Dieu,
j'ai eu le malheur de vous offenser, vous
qui êtes infiniment bon, infiniment
aimable. Pardon, mon Dieu, pardon.
Par les mérites de Jésus-Christ, mort
pour nous, daignez m'accorder vos grâces pour faire pénitence et pour ne plus
vous offenser jamais.

LEÇON 56.

DE LA CONFESSION.

407. Il faut confesser nos péchés au Prêtre.

408.* Il faut confesser au Prêtre tous nos péchés,
au moins tous les péchés mortels que
nous nous rappelons avoir commis.

409. Si je cachais à confesse un seul péché
mortel, mes péchés ne seraient pas pardonnés, aucun ne serait pardonné.

410. Cacher un péché mortel à confesse, ce
serait faire un nouveau péché mortel,
ce serait un grand sacrilège.

411. Les péchés oubliés sans le vouloir, sont
pardonnés comme les péchés confessés.

412.* *Définition.* — La Confession est une accu-
sation humble et sincère de tous nos
péchés, faite à un Prêtre approuvé,
pour en recevoir l'absolution.

LEÇON 57.

DE L'ABSOLUTION.

413. Quand nous avons fini notre confession, le Prêtre, s'il le juge à propos, nous donne l'Absolution.

414. Lorsque le Prêtre nous donne l'Absolution, il étend la main et dit ces paroles : JE VOUS ABSOUS DE VOS PÉCHÉS.

415.* C'est en nous donnant l'Absolution que le Prêtre nous remet nos péchés.

416. Pendant que le Prêtre nous donne l'Absolution, baissons la tête et faisons un acte de Contrition

417.* *Définition.* — L'Absolution, c'est la sentence que le Prêtre prononce pour nous pardonner nos péchés.

LEÇON 58.

PÉNITENCE SACRAMENTELLE.

418. Après notre confession, le Prêtre nous impose une Pénitence.

419. La Pénitence que le Prêtre nous impose, s'appelle *Pénitence sacramentelle*.

420.* Après la confession, il faut faire la Pénitence sacramentelle.

421. Celui qui ne ferait pas la Pénitence sacramentelle pécherait.
422. Il faut toujours faire la Pénitence sacramentelle, le plus tôt possible.
423.* *Définition.* — La *Pénitence sacramentelle :*
c'est ce que notre confesseur nous
ordonne de dire, ou ce qu'il nous ordonne de faire, pour nous punir de nos
péchés.

LEÇON 59.

—

DE LA SATISFACTION.

424. Voler le prochain, le blesser, le calomnier,
c'est lui faire tort. On peut encore faire
tort autrement.
425. Celui qui fait tort au prochain doit réparer ce tort.
— S'il a volé, il doit rendre ce qu'il a volé ;
— S'il a blessé le prochain, il doit payer le
médecin et les remèdes nécessaires pour
la guérison.
— S'il a médit ou calomnié, il doit réparer
le tort causé par sa médisance ou par
sa calomnie.
426. La Satisfaction envers le prochain, c'est
la réparation du tort fait au prochain.
427. Nous devons [aussi] réparer les injures
faites à Dieu.

428. Voici comment nous pouvons satisfaire à
Dieu :

— 1° En recevant et accomplissant la Pénitence sacramentelle ;

— 2° En supportant, comme expiation de
nos péchés, le travail, le froid, le chaud,
les maladies, les souffrances, les afflic-
tions, les injures, etc.

— 3° En s'imposant des pénitences volon-
taires : prières, aumônes, mortifica-
tions, lectures pieuses, etc.

429. *Définition.* — La Satisfaction est la réparation de l'injure faite à Dieu, et du tort
causé au prochain.

LEÇON 60.

INDULGENCE PLÉNIÈRE — PARTIELLE — JUBILAIRE

APPLICABLE AUX AMES DU PURGATOIRE.

430. Souvent nos satisfactions envers Dieu sont
trop petites et insuffisantes : aussi Dieu,
ordinairement, après nous avoir pardonné nos péchés, nous punit encore,
sur la terre ou dans le Purgatoire, pour
nos péchés pardonnés.

431. Les punitions que Dieu nous inflige sur la
terre ou dans le Purgatoire, s'appellent
peines temporelles, parce qu'elles ne
durent que quelque temps.

432. Les peines temporelles que nous méritons

pour nos péchés pardonnés peuvent être diminuées, et même complètement supprimées, par le moyen des Indulgences.

433.* *Définition.* — Une *Indulgence,* c'est la remise des peines temporelles dues aux péchés pardonnés : remise faite par l'Eglise, hors le sacrement de Pénitence.

434.* *Définition.* — Une *Indulgence plénière,* c'est la remise de toutes les peines temporelles dues aux péchés pardonnés.

435.* *Définition.* — Une *Indulgence partielle,* c'est la remise d'une partie des peines temporelles dues aux péchés pardonnés.

436. Il y a [donc] deux sortes d'indulgences : Indulgence plénière et Indulgence partielle.

437.* *Définition.* — L'*Indulgence Jubilaire,* le *Jubilé,* est une Indulgence plénière et solennelle que le Pape accorde à tous les catholiques, tous les 25 ans, ou dans quelques circonstances extraordinaires.

438. Le Pape seul peut accorder des Indulgences plénières.

439. Les Evêques ne peuvent accorder que des Indulgences partielles.

440.* Il y a des Indulgences que nous pouvons gagner pour les *âmes du Purgatoire.*

441. Les Indulgences du Chemin de la croix, du Rosaire, etc., sont applicables aux âmes du Purgatoire.

LEÇON 61.

—

442. Si l'on veut gagner des Indulgences pour
soi, voici les dispositions nécessaires :
— 1° N'avoir aucun péché mortel dans l'âme ;
— 2° Avoir regret de tous ses péchés.

443.* Voici les conditions nécessaires pour
gagner des Indulgences :
— 1° Avoir l'intention de gagner les Indulgences ;
— 2° Accomplir fidèlement les actions com-
mandées par le Pape ou par l'Evêque
pour ces Indulgences.

444. Pour gagner une indulgence plénière dans
toute son étendue, et pour qu'elle ait
toute son application, il faut n'avoir
aucune affection au péché véniel.

445. Quand nous voulons gagner pour les âmes
du Purgatoire des Indulgences qui leur
sont applicables, il faut vouloir les gagner
non pour nous, mais pour elles.

LEÇON 62.

DE L'EXTRÊME-ONCTION.

446. Quand nous serons malades, en danger de mort, nous devrons appeler le Prêtre pour :
— 1° Nous confesser ;
— 2° Nous communier ;
— 3° Nous donner l'Extrême-Onction.

447. On doit recevoir l'Extrême-Onction, quand on est dangereusement malade.

448.* L'Extrême-Onction :
— 1° Efface les péchés véniels, et quelquefois les péchés mortels ;
— 2° Achève de purifier notre âme ;
— 3° Rend plus fort pour résister aux tentations du démon ;
— 4° Donne quelquefois la santé du corps, quand Dieu le juge utile pour le salut de notre âme.

449. Pour administrer l'Extrême-Onction, le Prêtre met de l'huile sainte sur nos yeux, nos oreilles, nos narines, notre bouche, nos mains et nos pieds, en priant Dieu de nous pardonner tous nos péchés.

450. En recevant l'Extrême-Onction, nous devons demander pardon de nos péchés.

451.* *Définition.* — L'Extrême-Onction est un

Sacrement institué par Jésus-Christ, pour soulager l'âme et le corps des malades, et nous aider à mourir saintement.

LEÇON 63.

—

DE L'ORDRE.

452.* Voici les principales Fonctions des Prêtres :
— 1° Offrir le saint Sacrifice de la Messe ;
— 2° Conduire les âmes au Ciel par la prière
— la prédication — les Sacrements ;
— 3° Bénir les personnes et les choses.

453. Les Fonctions des Prêtres sont nommées Fonctions ecclésiastiques.

454. Le Sacrement de l'Ordre imprime dans l'âme un caractère ineffaçable.

455. On ne peut recevoir le sacrement de l'Ordre qu'une fois, parce qu'il imprime dans l'âme un caractère ineffaçable.

456. Le caractère du sacrement de l'Ordre est le caractère du Prêtre.

457.* *Définition*. — L'Ordre est le Sacrement qui donne le pouvoir d'exercer les Fonctions ecclésiastiques, et les grâces nécessaires pour les exercer saintement.

LEÇON 64.

DU MARIAGE.

458.* *Définition.* — Le Mariage est un Sacrement qui donne à l'homme et à la femme la grâce de vivre saintement ensemble, dans une union légitime et chrétienne; il donne aussi au père et à la mère la grâce pour élever chrétiennement leurs enfants.

459.* Ceux qui veulent se marier doivent auparavant :

— 1° Examiner très attentivement si Dieu veut qu'ils se marient;

— 2° Se bien confesser;

— 3° Faire une bonne et sainte communion.

LEÇON 65.

SACREMENTS EN GÉNÉRAL.

460. Tandis que Jésus-Christ vivait sur la terre, il institua sept Sacrements, et il n'en institua que sept.

461.* Voici les noms des sept Sacrements :

1. Le Baptême.
2. La Confirmation.
3. L'Eucharistie.
4. La Pénitence.

5. L'Extrême-Onction.

6. L'Ordre.

7. Le Mariage.

462. Dans tous les Sacrements, il y a des signes de la grâce, signes sensibles.

— Voici les signes de la grâce dans chaque Sacrement :

— 1° Dans le Sacrement de *Baptême :* l'eau, et les paroles dites par celui qui baptise ;

— 2° Dans le Sacrement de *Confirmation :* l'imposition des mains, les paroles de l'Evêque, et l'onction du saint Chrême ;

— 3° Dans le Sacrement d'*Eucharistie :* le pain, le vin, et les paroles de la Consécration ;

— 4° Dans le Sacrement de *Pénitence :* la Confession, la Contrition exprimée extérieurement, et l'Absolution ;

— 5° Dans le Sacrement d'*Extrême-Onction :* l'onction de l'huile sainte, et les paroles dites par le Prêtre ;

— 6° Dans le Sacrement de l'*Ordre :* l'imposition des mains de l'Evêque, les paroles qu'il prononce, et l'onction de l'huile sainte ;

— 7° Dans le Sacrement de *Mariage :* le consentement de l'homme et de la femme, exprimé extérieurement, soit par paroles, soit par signes ; et donné en présence du propre curé.

463. Dans tous les Sacrements, il y a la matière et la forme du Sacrement.

— Voici la matière et la forme de chaque Sacrement :

— Dans le Baptême : la *matière*, c'est l'eau avec laquelle on baptise; la *forme*, ce sont les paroles de celui qui baptise.

— Dans la Confirmation : la *matière*, c'est l'imposition des mains de l'Evêque, avec l'onction du saint Chrême sur le front; la *forme*, ce sont les paroles que prononce l'Evêque.

— Dans l'Eucharistie : la *matière*, c'est le pain et le vin; la *forme*, ce sont les paroles de la Consécration.

— Dans la Pénitence : la *matière*, c'est la Confession et la Contrition dont le pécheur donne des signes extérieurs, et la satisfaction; la *forme*, ce sont les paroles de l'Absolution.

— Dans l'Extrême-Onction : la *matière*, ce sont les onctions faites avec l'huile sainte; la *forme*, ce sont les paroles prononcées par le Prêtre.

— Dans l'Ordre : la *matière*, c'est l'imposition des mains de l'Evêque, l'onction sainte, et l'action de toucher les vases sacrés; la *forme*, ce sont les paroles prononcées par l'Evêque.

— Dans le Mariage : la *matière* et la *forme*, c'est le consentement mutuel que les époux se donnent eux-mêmes l'un à l'autre. Ce consentement doit être exprimé devant le propre Prêtre (le curé ou son délégué).

LEÇON 66.

—

GRACES PARTICULIÈRES DE CHAQUE SACREMENT.

464. Jésus-Christ a institué le Sacrement de *Baptême,* pour effacer spécialement le péché originel.

465. Jésus-Christ a institué le Sacrement de *Confirmation,* pour nous rendre plus forts dans la pratique de la vertu.

466. Jésus-Christ a institué le Sacrement d'*Eucharistie,* pour nous unir à lui par la communion, et pour nous sanctifier de plus en plus.

467. Jésus-Christ a institué le Sacrement de *Pénitence,* pour effacer les péchés commis après le Baptême.

468. Jésus-Christ a institué le Sacrement d'*Extrême-Onction,* pour nous purifier de nos péchés et nous aider à mourir saintement quand nous sommes dangereusement malades. Quelquefois même ce Sacrement guérit notre corps.

469. Jésus-Christ a institué le Sacrement de l'*Ordre,* pour consacrer les Prêtres et leur donner la grâce d'exercer saintement les fonctions ecclésiastiques.

470. [Enfin] Jésus-Christ a institué le Sacrement de *Mariage,* afin de bénir l'union de l'homme et de la femme, et leur don-

ner les grâces nécessaires pour vivre
saintement.

471.* *Définition.* — Un Sacrement est un signe
sensible de la grâce, institué par Jésus-
Christ pour nous sanctifier.

LEÇON 67.

—

SACREMENTS DES VIVANTS. — SACREMENTS DES
MORTS.

472. On appelle le Baptême et la Pénitence :
Sacrements des morts.

473.* On appelle le Baptême et la Pénitence :
Sacrements des morts, parce qu'on
peut les recevoir sans être en état de
grâce.

474. On appelle la Confirmation, l'Eucharistie
et l'Extrême-Onction : Sacrements des
vivants.

475. On appelle [aussi] l'Ordre et le Mariage :
Sacrements des vivants.

476.* On appelle la Confirmation,
        l'Eucharistie,
        l'Extrême-Onction,
        l'Ordre,
        et le Mariage : Sacrements des
vivants, parce que, pour les recevoir,
il faut être pur de tout péché mortel.

477. Il faut [donc], pour recevoir les Sacrements des vivants, se confesser et recevoir l'Absolution de tous ses péchés
mortels.

TROISIÈME PARTIE.

LES COMMANDEMENTS.

LEÇON 68.

LES COMMANDEMENTS DE DIEU.

478. Dieu est le souverain Maître de tous les hommes, nous devons donc lui obéir.

479. Dieu a lui-même publié ses Commandements.

480. Voici les dix Commandements de Dieu :

   1. Un seul Dieu tu adoreras,
     Et aimeras parfaitement.

   2. Dieu en vain tu ne jureras,
     Ni autre chose pareillement.

   3. Les Dimanches tu garderas,
     En servant Dieu dévotement.

   4. Tes père et mère honoreras,
     Afin de vivre longuement.

   5. Homicide point ne seras,
     De fait ni volontairement.

   6. Luxurieux point ne seras,
     De corps ni de consentement.

7. Le bien d'autrui tu ne prendras,
   Ni retiendras à ton escient.
8. Faux témoignage ne diras,
   Ni mentiras aucunemnt.
9. L'œuvre de chair ne désireras,
   Qu'en mariage seulement.
10. Bien d'autrui ne convoiteras,
    Pour les avoir injustement.

LEÇON 69.

PREMIER COMMANDEMENT DE DIEU.

Un seul Dieu tu adoreras,
Et aimeras parfaitement.

Adoration due à Dieu.

481.* Adorer Dieu, c'est reconnaître que Dieu
   à toutes les perfections et qu'il est le
   Maître de tout ce qui existe au Ciel, sur
   la terre et partout.
482. Dieu a toutes les perfections, nous devons
   donc l'adorer
483.* Nous ne devons adorer que Dieu, parce
   que lui seul a toutes les perfections.

LEÇON 70.

—

Foi.

484. Jésus-Christ est Dieu, il connaît tout.

485. Jésus-Christ connaît tout, il ne peut donc pas se tromper.

486. Jésus-Christ est bon et saint, il ne peut donc pas nous tromper.

487. Jésus-Christ ne peut pas nous tromper, parce qu'il est Dieu et que Dieu ne peut ni se tromper ni nous tromper.

488. Il faut croire toutes les vérités révélées par Jésus-Christ.

489.* Il faut croire fermement toutes les vérités enseignées par l'Eglise, parce que c'est Jésus-Christ lui-même qui les a révélées.

490.* Croire les vérités enseignées par l'Eglise, c'est avoir la Foi.

491. Il faut avoir la Foi, pour aller au Ciel.

492. Il faut croire fermement les vérités de la Religion.

493. Si l'on ne croit pas fermement les vérités de la Religion, on n'ira pas au Ciel.

494.* Je crois crois en Dieu, et je crois fermement en Dieu. J'ai la Foi.

— Je crois en Dieu, parce que Dieu connaît tout et ne peut nous tromper.

495.* *Définition.* — La Foi est une vertu surnaturelle et théologale, qui nous fait croire
fermement toutes les vérités que l'Eglise
nous ordonne de croire, parce que Dieu
les a révélées, et parce que Dieu ne peut
ni se tromper ni nous tromper.

496. Il faut faire des actes de Foi de temps en
temps, surtout quand on reçoit un Sacrement.

497. Il faut faire des actes de Foi à l'article de
la mort.

498. Voici un acte de Foi :

— Mon Dieu, je crois toutes les vérités que
l'Eglise nous enseigne ; je les crois fermement, parce que c'est vous même,
ô mon Dieu, qui nous avez révélé ces
vérités.

LEÇON 71.

PREMIER COMMANDEMENT DE DIEU *(suite).*

Des Saints.

499.* Les Saints, dans le Ciel, intercèdent pour
nous auprès de Dieu.

500.* Nous devons honorer les Saints, les invo-
quer et les imiter.

501. La Reine du Ciel, c'est la Très Sainte
Vierge Marie.

502. La Vierge Marie, c'est la Mère de Jésus-Christ.

503. Les plus grands Saints, après la Sainte
Vierge, sont : saint Joseph, saint Jean-
Baptiste, saint Pierre, saint Paul, etc.

504.* Quelques Saints nous protègent d'une
manière particulière.

505.* Les Saints qui nous protègent d'une manière particulière, s'appellent : Saints
Patrons.

506. Nous avons chacun un Saint Patron.

507. Nous devons honorer nos Saints Patrons
d'une manière affectueuse et assidue.

LEÇON 72.

PREMIER COMMANDEMENT DE DIEU *(suite)*.

Saintes Reliques. — Images. — Vraie Croix.

508. Nous devons non seulement honorer la
mémoire des Saints, nous devons encore honorer leurs Reliques et leurs
Images.

509. Nous devons [surtout] honorer les Reliques
de la vraie Croix.

510. Nous devons honorer les Reliques des
Saints, en les vénérant.

511. Nous devons honorer la vraie Croix, en
l'adorant. Adorer la vraie Croix, c'est
adorer Jésus-Christ qui mourut sur
cette Croix.

512. Quand on passe devant une Croix, il est bien de penser à Jésus-Christ; il est bien aussi de se signer et de saluer la Croix.

513.* Il est bien de faire [encore] le signe de la Croix, le matin en se levant, et le soir en se couchant.

514. Il est [surtout] utile de faire le signe de la Croix, lorsqu'on est en danger de mort, ou tenté par le démon.

LEÇON 73.

—

PREMIER COMMANDEMENT DE DIEU *(suite)*.

Espérance.

515. Dieu est bon et puissant.

516. Dieu est infiniment bon et infiniment puissant.

517. Dieu ne peut pas mentir, et il donne toujours ce qu'il promet.

518. Dieu nous a promis le Ciel, et les secours nécessaires pour aller au Ciel.

519. Il faut espérer en Dieu.

520. Espérer en Dieu, c'est espérer fermement que Dieu nous donnera ses grâces pendant notre vie, et qu'il nous recevra dans le Ciel après notre mort.

521.* Il faut espérer en Dieu fermement.

522. Si l'on n'espère pas fermement en Dieu, on n'ira pas au Ciel.

523. J'espère fermement en Dieu.

524.* J'espère fermement en Dieu, parce qu'il m'a promis sa grâce et le Ciel, et parce qu'il donne toujours ce qu'il a promis.

525.* *Définition.* — L'Espérance est une vertu surnaturelle et théologale qui nous fait attendre avec une ferme confiance, à cause des mérites de Jésus-Christ, la grâce pendant la vie, et le Ciel après la mort, si nous obéissons à Dieu; parce que Dieu nous a promis sa grâce et le Ciel, et parce qu'il accomplit toujours ce qu'il promet.

526. Il faut faire des actes d'Espérance, de temps en temps; surtout à la prière du matin et du soir, et à l'article de la mort.

527. Voici un acte d'Espérance :

— Mon Dieu, j'espère avec une ferme confiance que vous m'aiderez à vous obéir, et qu'ensuite vous me donnerez le Ciel; je l'espère fermement, parce que vous l'avez promis, et que toujours vous donnez ce que vous promettez.

LEÇON 74.

PREMIER COMMANDEMENT DE DIEU *(suite)*.

Charité.

528. Dieu est infiniment bon et infiniment aimable.

529. Il faut aimer Dieu.

530. Il faut aimer Dieu de tout son cœur et plus que toutes choses.

531.* Il faut aimer Dieu, parce qu'il est infiniment bon et infiniment aimable.

532. Si l'on n'aime pas Dieu de tout son cœur et plus que toutes choses, on n'ira pas au Ciel.

533. On appelle prochain : nos parents, nos amis, nos ennemis et tous les hommes.

534. Il faut aimer notre prochain, c'est-à-dire tous les hommes : parents, amis, ennemis, etc.

535. Il ne faut jamais faire de mal à personne, ni désirer qu'il lui en arrive.

536. Il faut aimer notre prochain comme nous-mêmes.

537. Si nous n'aimons pas notre prochain comme nous-mêmes, nous n'irons pas au Ciel.

538.* J'aime Dieu de tout mon cœur, et le prochain comme moi-même.

539.* *Définition.* — La Charité est une vertu théologale, qui nous fait aimer Dieu par-dessus toutes choses; parce qu'il est infiniment bon, infiniment aimable; et qui nous fait aimer aussi notre prochain comme nous-mêmes pour l'amour de Dieu.

540.* Il faut faire des actes de Charité, de temps en temps; surtout à la prière du matin et du soir, quand on communie, et à l'article de la mort.

541. Voici un acte de Charité :
— Mon Dieu, je vous aime plus que toutes
choses; parce que vous êtes infiniment
bon et infiniment aimable : et j'aime
aussi le prochain comme moi-même,
pour l'amour de vous.

LEÇON 75.

—

DEUXIÈME COMMANDEMENT DE DIEU.

Dieu en vain tu ne jureras,
Ni autre chose pareillement.

Du Serment.

542. Prendre Dieu à témoin, c'est dire : Dieu
sait que je ne mens pas.

543. Prendre Dieu à témoin que l'on ne ment
pas, c'est faire un Serment.

544. Souvent, pour faire un Serment, on lève
la main vers le Ciel.

545. Devant les juges, on fait Serment en levant
la main.

546.* Le Serment, c'est l'action ou la parole par
laquelle on prend Dieu à témoin que
l'on dit vrai.

547. Un témoin doit faire Serment si le juge
l'ordonne.

LEÇON 76.

—

DEUXIÈME COMMANDEMENT DE DIEU *(suite).*

Du Faux Serment.

548. [1°] Dieu défend de faire des Serments pour tromper.

549. [2°] Dieu défend de faire des Serments pour promettre quelque chose qui est mal.

550. [3°] Dieu défend de faire des Serments pour des choses non utiles.

551.* Celui qui mentirait avec Serment, serait parjure.

LEÇON 77.

—

TROISIÈME COMMANDEMENT DE DIEU.

Les Dimanches tu garderas,
En servant Dieu devotement.

—

Le Dimanche.

552. Le Dimanche, il est défendu de labourer la terre, de travailler à la cordonnerie, à la menuiserie, au jardinage, etc., etc.

553. Le Dimanche, il est défendu de tricoter, de broder, de coudre, etc., etc.

554.* [En un mot] le Dimanche, il est défendu de faire sans nécessité des travaux manuels, des ouvrages que font ordinairement les gens de métier.

555.* Pour sanctifier le Dimanche, il faut assister à la Messe et y prier avec attention (1).

556. Le Dimanche soir, nous assisterons aux Vêpres.

557. Le Dimanche, je fuirai les mauvaises compagnies et toutes les occasions de pécher, avec plus de soin que les autres jours.

558. [Enfin] le Dimanche, je lirai, soit dans mon catéchisme, soit dans quelques livres d'instruction religieuse (2).

---

(1) Le Catéchiste aura bien soin de dire que cette obligation est sous peine de péché mortel; mais que, si l'on a des empêchements légitimes, il n'y a pas de péché à ne point assister à la Messe.

(2) Le Catéchiste dira que les actes indiqués dans les nos 556, 558, ne sont pas aussi obligatoires que l'assistance à la Messe.

LEÇON 78.

QUATRIÈME COMMANDEMENT DE DIEU.

Tes père et mère honoreras,
Afin de vivre longuement.

Devoirs des enfants — des serviteurs — des inférieurs — des pères et mères — des maîtres et maîtresses.

559.' Les enfants doivent à leurs père et mère : respect, amour, obéissance et secours ; parce que les parents tiennent la place de Dieu auprès de leurs enfants.

560. Les serviteurs et domestiques doivent respecter leurs maîtres et maîtresses, leur obéir et les servir fidèlement.

561. Tous, nous devons honorer et respecter nos supérieurs : le Pape, l'Evêque, et ceux qui nous gouvernent.

562. Les pères et mères doivent aimer leurs enfants, les nourrir, les vêtir, les instruire ou les faire instruire, et leur donner bon exemple.

563. Les maîtres et maîtresses doivent surveiller leurs ouvriers et leurs domestiques, leur payer ce qu'ils leur ont promis, et leur donner bon exemple.

LEÇON 79.

—

Homicide point ne seras,
De fait ni volontairement.

———

Homicide. — Suicide. — Scandale. — Médisance. — Jugement téméraire.

564. Dieu défend de tuer le prochain.
565. On appelle *Homicide* l'homme qui en tue un autre.
566. Dieu défend [aussi] de désirer la mort du prochain.
567. Dieu nous défend de nous tuer nous-mêmes.
568. Dieu nous défend [aussi] de désirer nous tuer nous-mêmes.
569. On appelle *Suicide* celui qui se tue lui-même. C'est ce que fit Judas, après avoir trahi et livré Jésus-Christ à ses ennemis.
570.* Dieu nous défend de nuire au prochain.
571. Dieu nous défend [aussi] de désirer qu'il arrive du mal au prochain.
572. Les scandales, les médisances et les jugements téméraires nuisent beaucoup au prochain. Dieu les défend.

573.* *Scandaliser*, c'est faire une action ou dire une parole mauvaise en elle-même ou qui paraît mauvaise, et qui est pour le prochain une occasion de pécher.

574.* *Médire*, c'est dire qu'une personne a fait une mauvaise action, ou qu'elle a un défaut, lorsque cette mauvaise action ou ce défaut sont cachés et qu'on n'a pas de motif légitime de les découvrir aux autres.

575.* Faire un *jugement téméraire*, c'est croire, sans preuve suffisante, qu'une personne est coupable ou a quelque défaut.

LEÇON 80.

—

SIXIÈME ET NEUVIÈME COMMANDEMENTS DE DIEU.

Luxurieux point ne seras,
De corps ni de consentement.

L'œuvre de chair ne désireras,
Qu'en mariage seulement.

Luxure.

576.* Dieu défend les actions déshonnêtes;
— les paroles et les signes déshonnêtes;
— les regards curieux et immodestes.

577. Dieu défend aussi les désirs déshonnêtes,
— et même les pensées déshonnêtes.

578. Pour éviter les péchés de luxure, il faut :
— 1° Fuir les mauvaises compagnies;
— 2° Fuir les bals et les spectacles ;
— 3° Ne pas lire de mauvais livres.
579.* Pour éviter les péchés de luxure, il faut :
— 1° Travailler beaucoup;
— 2° Prier souvent la Sainte Vierge;
— 3° Se confesser et communier souvent.

LEÇON 81.

SEPTIÈME ET DIXIÈME COMMANDEMENTS DE DIEU.

Le bien d'autrui tu ne prendras,
Ni retiendras injustement.

Biens d'autrui ne convoiteras,
Pour les avoir injustement.

Vol. — Restitution.

580. Dieu défend de voler; Dieu défend même le désir de voler.
581. Dieu défend d'aider les autres à voler : il défend aussi de donner le conseil de voler.
582.* Ceux qui ont volé doivent restituer le bien volé.
583. Dieu nous ordonne de payer nos dettes.
584. Cherchons à qui appartiennent les choses

que nous avons trouvées, et rendons-
les à leur maître.

585. Si nous ne pouvons savoir à qui appartiennent les choses trouvées, demandons
conseil à notre confesseur; il nous dira
ce que nous devons faire.

LEÇON 82.

—

HUITIÈME COMMANDEMENT DE DIEU.

Faux témoignage ne diras,
Ni mentiras aucunement.

Mensonges : diverses espèces de Mensonges.
Calomnie. — Faux témoignage.

586.* *Mentir,* c'est dire une chose qu'on sait
fausse, et la dire pour tromper les autres.

587. Le *Mensonge joyeux* est celui que l'on
fait pour rire.

588. Le *Mensonge officieux* est celui que l'on
fait pour rendre service.

589. Le *Mensonge pernicieux* est celui que l'on
fait pour faire du mal.

590. Le Mensonge pernicieux est un plus grand
péché que le Mensonge joyeux et que
le Mensonge officieux.

591. Nul Mensonge n'est jamais permis.

592. Les plus grands Mensonges sont : la calomnie et le faux témoignage.

593.* *Calomnier*, c'est dire qu'une personne a fait une mauvaise action, ou qu'elle a un défaut, tandis que cela n'est pas vrai.

594. Celui qui, faisant un Mensonge, dirait au juge : Cette personne a fait telle faute, se rendrait coupable d'un Faux Témoignage.

595. [Egalement] Celui qui, faisant un Mensonge, dirait au juge : Cette personne n'a pas fait telle faute, se rendrait coupable d'un Faux Témoignage.

596. *Définition*. — Le *Faux Témoignage* est un Mensonge fait à un juge, après qu'on a juré de dire la vérité.

COMMANDEMENTS DE L'ÉGLISE.

LEÇON 83.

LES COMMANDEMENTS DE L'ÉGLISE.

597. Jésus-Christ a dit : Obéissez à l'Eglise. Nous devons donc obéir à l'Eglise.

598.* Voici les six Commandements de l'Eglise :

1. Les Dimanches, la messe ouïras,
   Et les Fêtes de commandement.
2. Ces mêmes jours sanctifieras,
   Sans travailler servilement.

3. Tous les péchés confesseras,
   A tout le moins une fois l'an.
4. Ton Créateur tu recevras,
   Au moins à Pâques humblement.
5. Quatre-Temps, vigiles, jeûneras,
   Et le carême entièrement.
6. Vendredi chair ne mangeras,
   Ni le samedi mêmement.

LEÇON 84.

PREMIER ET DEUXIÈME COMMANDEMENTS
DE L'ÉGLISE.

Les Dimanches la Messe ouïras,
Et les Fêtes pareillement.

Ces mêmes jours sanctifieras,
Sans travailler servilement.

Assistance à la Messe. — Abstention du travail servile le Dimanche.

599.* L'Eglise nous ordonne d'assister à la Messe le Dimanche.
600.* L'Eglise nous ordonne [aussi] d'assister à la Messe les jours de Fêtes d'obligation.
601. Il y a maintenant en France, quatre Fêtes d'obligation :

    1° Noël;

2° L'Ascension;

3° L'Assomption;

4° La Toussaint.

602.* Manquer, sans nécessité, la Messe le Dimanche, ou un jour de Fête d'obligation, ce serait un grand péché.

603. Les jours de Fêtes d'obligation, il ne faut pas travailler aux ouvrages manuels, non plus que le Dimanche.

LEÇON 85.

PRINCIPALES FÊTES DE L'ÉGLISE.

Pâques. — L'Ascension. — La Pentecôte. L'Assomption. — La Toussaint. — Noël.

604. Il y a plusieurs Fêtes principales dans l'année.

605.* Les Fêtes principales, sont :

Pâques,

l'Ascension,

la Pentecôte,

l'Assomption,

la Toussaint

et Noël.

606. La plus grande Fête, c'est la Fête de Pâques.

607. La Fête de Pâques a été instituée pour célébrer Jésus-Christ se ressuscitant.

608. La Fête d' l'Ascension a été instituée pour célébrer Jésus-Christ montant au Ciel.

609. La Fête de la Pentecôte a été instituée pour célébrer le Saint-Esprit descendant sur les Apôtres.

610. La Fête de l'Assomption a été instituée pour honorer la sainte Vierge montant au Ciel.

611. La Fête de la Toussaint a été instituée pour honorer tous les Saints.

612. La Fête de Noël a été instituée pour célébrer Jésus venant au monde.

LEÇON 86.

—

TROISIÈME ET QUATRIÈME COMMANDEMENTS DE L'ÉGLISE.

Tous tes péchés confesseras,
A tout le moins une fois l'an.

Ton Créateur tu recevras,
Au moins à Pâques humblement.

Quand on doit se confesser et communier.

613.* L'Eglise nous ordonne de nous confesser et de communier, au moins une fois chaque année.

614. On se confesse ordinairement pendant le Carême.

615. On doit communier à Pâques.

616. Il est très bien de se confesser et de communier plusieurs fois chaque année.
617. L'Eglise désire que nous communiions surtout à Noël, à la Pentecôte, à l'Assomption, à la Toussaint et aux autres grandes Fêtes.
618.* Il faut se confesser et communier quand on est en danger de mort.

LEÇON 87.

CARÈME. — QUATRE-TEMPS. — VIGILES.

619.* Le *Carême,* ce sont les 40 jours environ qui précèdent Pâques.
— Le Carême commence le Mercredi des Cendres (1).
620.* Il y a des *Quatre-Temps :*
  au Printemps,
  en Eté,
  en Automne,
  et en Hiver (1).
621.* Les *Quatre-Temps du Printemps* sont trois jours de jeûne et d'abstinence, savoir : les mercredi, vendredi et samedi de la première semaine de Carême.

---

(1) Voir l'almanach de chaque année pour connaître les époques du *Carême,* des *Quatre-Temps,* de l'*Avent* et des *Vigiles.*

7

622. Les *Quatre-Temps de l'Été* sont trois jours de jeûne et d'abstinence, savoir : les mercredi, vendredi et samedi de la semaine après la Pentecôte.

623. Les *Quatre-Temps de l'Automne* sont trois jours de jeûne et d'abstinence, savoir : les mercredi, vendredi et samedi après le 14 septembre.

624. Les *Quatre-Temps de l'Hiver* sont trois jours de jeûne et d'abstinence, savoir : les mercredi, vendredi et samedi de la troisième semaine de l'Avent.

625.* L'*Avent* est le temps qui précède Noël. Ce temps comprend les trois semaines et la quatrième semaine, au moins commencée, qui précèdent la Fête de Noël(1).

626.* Les *Vigiles* sont les veilles de quelques grandes Fêtes, comme la veille de Noël, de la Pentecôte, etc. (1).

---

(1) Voir l'almanach de chaque année pour connaître les époques du *Carême*, des *Quatre-Temps*, de l'*Avent* et des *Vigiles*.

LEÇON 88.

CINQUIÈME ET SIXIÈME COMMANDEMENTS
DE L'ÉGLISE.

Quatre-Temps, vigiles, jeûneras,
Et le Carême entièrement.

Vendredi chair ne mangeras,
Ni le samedi mêmement.

JEUNE. — ABSTINENCE.

627.* Jeûner, c'est :
— 1° Faire abstinence, c'est-à-dire ne pas manger d'aliments gras ;
— 2° Ne faire qu'un repas vers onze heures et demie ou midi ;
— 3° Ne prendre, le soir, qu'un peu de nourriture.
— Cette manducation du soir s'appelle Collation (1).
— On peut faire la collation le matin (2), et le dîner le soir.
628.* On doit jeûner à vingt et un ans accomplis. — L'Eglise l'ordonne.

---

(1) Pour les aliments permis à la collation, cela varie selon les diocèses.
(2) Il ne faut pas que la collation soit faite avant onze heures et demie, à moins qu'on ait une bonne raison pour devancer cette heure.

629.* L'Eglise ordonne de jeûner :
— 1° Tous les jours de Carême, excepté les Dimanches;
— 2° Tous les jours des Quatre-Temps;
— 3° Les jours de Vigiles (1).
630.* L'Eglise nous défend de manger des aliments gras :
— 1° Les vendredis et les samedis (1);
— 2° Le jour de la fête de saint Marc, 25 avril (2).
— 3° Les trois jours des Rogations, savoir : les lundi, mardi et mercredi qui précèdent la Fête de l'Ascension (2).

VERTUS. — PÉCHÉS CAPITAUX.

LEÇON 89.

VERTUS THÉOLOGALES : FOI — ESPÉRANCE CHARITÉ.

631. Les Commandements de Dieu et de l'Eglise nous ordonnent de pratiquer la vertu et d'éviter le péché.

---

(1) Il y a des diocèses où le jeûne des Vigiles et l'abstinence du samedi sont supprimés. Le professeur conseillera aux élèves de consulter leurs curés respectifs.
(2) Avertir les sourds-muets que dans la plupart des diocèses ces obligations ont cessé.

632.* Il y a trois Vertus théologales, savoir : la
    Foi, l'Espérance et la Charité.

633.* Avoir la Foi, c'est croire en Dieu.

634.* Avoir l'Espérance, c'est espérer de-posséder Dieu.

635.* Avoir la Charité, c'est aimer Dieu et le
    prochain.

— De toutes les vertus, la plus excellente
    c'est la Charité.

LEÇON 90.

—

VERTUS MORALES : JUSTICE — FORCE — TEM-
PÉRANCE — PRUDENCE.

636. Les Vertus morales règlent notre conduite.

637. Les principales Vertus morales sont les
    quatre Vertus cardinales : la Justice,
    la Force, la Tempérance, la Prudence.

638.* La *Justice* est une vertu morale qui fait
    que nous rendons à chacun ce qui lui
    est dû.

639.* La *Force* est une vertu morale qui fait que
    nous avons le courage de vaincre les
    difficultés qui s'opposent à la pratique
    de nos devoirs.

640.* La *Tempérance* est une vertu morale qui
    fait que nous fuyons tous les excès,
    surtout dans le boire et dans le manger.

641.* La *Prudence* est une vertu morale qui fait
    que nous choisissons, avec soin, les

bonnes actions, et que nous évitons les
mauvaises avec le même soin.

LEÇON 91.

LES SEPT PÉCHÉS CAPITAUX.

642. Les Péchés Capitaux sont ceux qui pro-
duisent un grand nombre d'autres péchés.

543.* Il y a sept Péchés Capitaux, savoir :
      1. L'Orgueil.
      2. L'Avarice.
      3. La Luxure.
      4. L'Envie.
      5. La Gourmandise.
      6. La Colère.
      7. La Paresse.

644.* L'*Orgueil* est un péché qui fait qu'une
personne se préfère aux autres et veut
s'élever au-dessus d'eux.

645.* L'*Avarice* est un péché qui fait qu'une
personne aime trop l'argent et les autres biens de la terre.

546.* La *Luxure* est un péché honteux qui fait
qu'une personne commet des actions
déshonnêtes, ou désire en faire, ou
s'arrête volontairement à penser à des
choses déshonnêtes.

647.* L'*Envie* est un péché qui fait qu'une personne est volontairement triste, en

voyant les autres heureux, vertueux, habiles, estimés ou aimés; ou bien joyeuse, en les voyant malheureux, méchants, inhabiles, méprisés ou haïs.

LEÇON 92.

PÉCHÉS CAPITAUX *(suite)*.

648.* La *Gourmandise* est un péché qui fait qu'une personne mange et boit avec excès.

649. La plus hideuse des Gourmandises, c'est l'ivrognerie.

650.* La *Colère* est un péché qui fait qu'une personne repousse avec violence ce qui lui déplaît.

651.* La *Paresse* est un péché qui fait qu'une personne ne remplit pas ses devoirs ou les remplit lâchement, parce que ces devoirs sont difficiles et pénibles.

652. Les Péchés Capitaux ne sont pas toujours des péchés mortels.

653. Les Péchés Capitaux sont véniels, lorsque la chose faite ou omise est légère, ou lorsque le consentement de la volonté n'est pas entier.

QUATRIÈME PARTIE.

LA PRIÈRE.

LA PRIÈRE EN GÉNÉRAL.

LEÇON 93.

LA PRIÈRE. — DÉFINITION.

654. Nous devons *adorer* Dieu, parce qu'il est le Maître souverain de tout ce qui existe au Ciel, sur la terre et partout.

655. Nous devons *remercier* Dieu, parce que c'est Dieu qui nous donne tout ce que nous avons.

656. Nous devons *demander* à Dieu ses grâces, parce qu'elles nous sont absolument nécessaires, et que Dieu seul peut nous les donner.

657. Nous devons demander à Dieu le *pardon* de nos péchés, parce que nous sommes coupables, et que Dieu désire nous pardonner.

658.* *Définition.* — La *Prière* est une élévation de notre âme vers Dieu, pour :

— 1° L'adorer ;

2° Le remercier;
3° Lui demander ses grâces;
4° Solliciter notre pardon.

LEÇON 94.

LA PRIÈRE *(suite)*. — NÉCESSITÉ. — QUALITÉS.

659.* Il est nécessaire de prier Dieu; Dieu l'ordonne.

660.* Nous devons prier Dieu :
  1° Le matin;
  2° Le soir;
  3° Surtout pendant les tentations, et en danger de mort.

661. Nous devons prier Dieu
  avec attention;
  avec confiance;
  avec persévérance;
  et au nom de Jésus-Christ.

662.* Quand nous prions bien Dieu, il nous accorde toujours ses grâces.

EXPLICATION DE L'ORAISON DOMINICALE ET DE LA SALUTATION ANGÉLIQUE.

LEÇON 95.

L'ORAISON DOMINICALE (NOTRE PÈRE).

663. La plus excellente de toutes les prières, c'est : le *Notre Père*...

664. La prière qui commence par ces mots : *Notre Père*, s'appelle l'Oraison Dominicale (prière du Seigneur), parce que c'est Notre-Seigneur Jésus-Christ qui nous l'a enseignée.

665.* Voici la prière appelée : *Oraison Dominicale* (Notre Père) :

I. Notre Père qui êtes aux Cieux, que votre nom soit sanctifié,

II. que votre règne arrive,

III. que votre volonté soit faite sur la terre comme au Ciel.

IV. Donnez-nous aujourd'hui notre pain de chaque jour.

V. Pardonnez-nous nos offenses, comme nous pardonnons à ceux qui nous ont offensés,

VI. et ne nous abandonnez pas à la tentation ;

VII. mais délivrez-nous du mal.

Ainsi soit-il.

LEÇON 96.

EXPLICATION DE L'ORAISON DOMINICALE (NOTRE PÈRE).

666. *Notre Père* | Ces mots veulent dire : *Mon Dieu, vous nous avez créés, vous nous aimez tendrement. Il n'y a pas un père, pas une mère qui aime autant son enfant que vous nous aimez, vous, notre Dieu.*

667. *Qui êtes aux Cieux,* | Ces mots veulent dire : *Mon Dieu, c'est au Ciel que les Saints ont le bonheur de vous voir; c'est au Ciel que nous vous verrons. — C'est au Ciel que vous récompenserez les Saints; c'est au Ciel que vous nous récompenserez.*

668. *Que votre nom soit sanctifié,* | Ces mots veulent dire : *Mon Dieu, nous désirons que tous les hommes vous connaissent, et que tous vous aiment.*

669. *Que votre règne arrive;* | Ces mots veulent dire : *Mon Dieu, nous désirons qu'il n'y ait pas de péché dans notre âme; afin que, pendant notre vie, vous régniez en nous par votre grâce : Et que, après notre mort, vous nous receviez au Ciel, et que vous régniez en nous parfaitement durant toute l'éternité.*

670. Que votre volonté soit faite sur la terre comme au Ciel.	Ces mots veulent dire : *Mon Dieu, nous désirons que tous les hommes vous obéissent sur la terre, comme les Anges et les Saints vous obéissent dans le Ciel.*
671. Donnez-nous aujourd'hui notre pain de chaque jour ;	Ces mots veulent dire : *Mon Dieu, donnez-nous ce dont nous avons besoin aujourd'hui : 1° pour notre corps, le pain matériel : la nourriture et les vêtements ; 2° pour notre âme, le pain spirituel : vos enseignements et l'Eucharistie.*
672. Pardonnez-nous nos offenses, comme nous pardonnons à ceux qui nous ont offensés.	Ces mots veulent dire : *Mon Dieu, veuillez nous pardonner nos péchés ; et pour que vous nous les pardonniez, nous pardonnons de bon cœur à tous ceux qui nous ont fait du mal, ou qui ont voulu nous en faire.*
673. Ne nous abandonnez pas à la tentation.	Ces mots veulent dire : *Mon Dieu, donnez-nous la grâce de ne pas pécher, quand le démon nous pousse au mal, ou les méchants, ou nos passions.*
674. Mais délivrez-nous du mal.	Ces mots veulent dire : *Mon Dieu, ôtez tous les péchés de notre âme. Mon Dieu, si c'est votre volonté, préservez-nous des maladies, des infirmités, des souffrances ; préservez-nous de tous malheurs corporels et spirituels ; surtout, ô mon Dieu, préservez-nous de tout péché.*

675. *Ainsi soit-il.*

Ces mots, qui terminent presque toutes les prières, veulent dire : *Mon Dieu, donnez-nous tout ce que nous vous demandons.*

LEÇON 97.

—

LA SALUTATION ANGÉLIQUE (JE VOUS SALUE, MARIE).

676. La plus belle prière que nous faisons à la Sainte Vierge, c'est le *Je vous salue, Marie.*

677. La prière qui commence par ces mots : *Je vous salue, Marie,* s'appelle *Salutation Angélique,* parce que ce fut l'Ange Gabriel qui, le premier, adressa ces paroles à la Sainte Vierge.

678.* Voici la prière appelée *Salutation Angélique :*

— Je vous salue, Marie, pleine de grâces, le Seigneur est avec vous ; vous êtes bénie entre toutes les femmes, et Jésus, le fruit de vos entrailles, est béni.

Sainte Marie, Mère de Dieu, priez pour nous, pauvres pécheurs, maintenant et à l'heure de notre mort. Ainsi soit-il.

LEÇON 98.

EXPLICATION DE LA SALUTATION ANGÉLIQUE

(JE VOUS SALUE, MARIE).

679. *Je vous salue, Marie,* Ces mots veulent dire : *O Marie, je vous respecte, je vous honore, je vous vénère.*

680. *Pleine de grâces,* Ces mots veulent dire : *O Marie, je reconnais que Dieu a rempli votre âme des grâces les plus précieuses.*

681. *Le Seigneur est avec vous,* Ces mots veulent dire : *O Marie, Dieu vous aime beaucoup.*

682. *Vous êtes bénie entre toutes les femmes,* Ces mots veulent dire : *O Marie, vous avez reçu de Dieu plus de grâces et de bénédictions que toute autre femme et même plus que toutes les autres créatures ensemble.*

683. *Et Jésus, le fruit de vos entrailles, est béni.* Ces mots veulent dire : *O Marie, Jésus est votre Fils, et il a reçu toutes les grâces dans son âme et dans son corps.*

684. *Sainte Marie, Mère de Dieu,* Ces mots veulent dire : *O Marie, vous êtes très sainte; ô Marie, vous êtes Mère de Dieu, puisque vous êtes Mère de Jésus-Christ, qui est Dieu, vraiment Dieu.*

685. *Priez pour nous, pauvres pécheurs,*	Ces mots veulent dire : *O Marie, priez pour nous, qui, hélas ! avons le malheur de pécher souvent.*
686. *Maintenant*	Ce mot veut dire : *O Marie, refuge des pécheurs, hâtez-vous de prier pour nous, hâtez-vous de nous secourir.*
687. *Et à l'heure de notre mort.*	Ces mots veulent dire : *O Marie, nous vous conjurons de prier pour nous, quand nous serons près de mourir; alors surtout ne nous oubliez pas.*
688. *Ainsi soit-il.*	Ces mots veulent dire : *O Marie, obtenez-nous de Dieu tout ce que nous vous demandons.*

RÉSUMÉ GÉNÉRAL.

LEÇON 99.

ABRÉGÉ DES PRINCIPAUX ARTICLES DE FOI.

Trinité. — Création. — Incarnation. — Rédemption. — Sanctification. — Résurrection générale. — Jugement dernier. — Enfer. — Ciel.

689.* Voici les principaux articles de Foi qu'il faut croire, pour aller au Ciel :

689bis.* [1°] Il y a un seul Dieu en trois personnes : Père — Fils — Saint-Esprit. (Mystère de la sainte Trinité.)

690.* [2°] Dieu le Père a créé le Ciel et la terre. (Mystère de la Création.)

691.* [3°] Dieu le Fils s'est fait homme pour nous sauver de l'Enfer. (Mystère de l'Incarnation.)

692.* [4°] Dieu le Saint-Esprit a formé Jésus dans le sein de la Sainte Vierge.

693.* [5°] Marie a mis au monde le Fils de Dieu fait homme, Jésus-Christ, Dieu : Marie est donc Mère de Dieu.

694.* [6°] Jésus-Christ est mort pour nous sur la Croix. (Mystère de la Rédemption.)

695.* [7°] Jésus-Christ est ressuscité. (Mystère de la Résurrection de Notre-Seigneur.)

696.* [8°] Jésus-Christ est monté au Ciel. (Mystère de l'Ascension.)

697.* [9°] Le Saint-Esprit sanctifie nos âmes. (Mystère de la Sanctification.)

698.* [10°] Tous, nous ressusciterons à la fin du monde. (Mystère de la Résurrection générale.)

699.* [11°] Jésus-Christ viendra, à la fin du monde, pour juger tous les hommes. (Mystère du Jugement dernier.)

700.* [12°] Après le Jugement dernier, les méchants iront dans l'Enfer : [Enfer]; les bons iront dans le Ciel : [Ciel].

LEÇON 100.

ABRÉGÉ DES PRINCIPAUX DEVOIRS DU CHRÉTIEN.

Vertus Théologales. — Prière. — Messe. — Abstinence. — Jeûne. — Confession. — Communion.

701.* Pour aller au Ciel, il faut :
— 1° Croire fermement les vérités que l'Eglise enseigne ;
— 2° Espérer fermement en Dieu ;
— 3° Aimer Dieu de tout son cœur, et le prochain comme soi-même ;
— 4° Pratiquer les Commandements de Dieu et de l'Eglise.

702.* Il importe de prier Dieu le matin et le soir.

703. Il faut prier Dieu attentivement et dévotement.

704.* Le Dimanche, il faut assister à la Messe.

705. Si l'on manquait la Messe le Dimanche, sans raison légitime, on offenserait Dieu grièvement.

706.* Le Vendredi et le Samedi, il faut s'abstenir d'aliments gras.

707.* Le Carême, les Quatre-Temps et les Vigiles, il faut [aussi] s'abstenir d'aliments gras.

708.* Il faut jeûner : le Carême, les Quatre-

8

Temps et les Vigiles, si l'on a 21 ans accomplis.

709.* Il faut se confesser, au moins une fois l'an.

710.* Il est bon de se confesser tous les mois, et même encore plus souvent.

711.* Il faut communier, au moins une fois l'an, à Pâques, et à l'article de la mort.

712.* Il est bon de communier aux grandes Fêtes de l'année, et même encore plus souvent.

TABLE DES MATIÈRES

PREMIÈRE PARTIE.

LE SYMBOLE DES APOTRES.

DIEU.

ANGES.

L'HOMME : SES DESTINÉES. — CHUTE.
RÉPARATION.

ÉGLISE.

EXPLICATION DU SYMBOLE DES APOTRES.

DEUXIÈME PARTIE.

LES SEPT SACREMENTS.

GRACE.

SACREMENTS.

———◆———

TROISIÈME PARTIE.

LES COMMANDEMENTS.

COMMANDEMENTS DE DIEU.

PREMIER COMMANDEMENT DE DIEU.

Un seul Dieu tu adoreras,
Et aimeras parfaitement.

DEUXIÈME COMMANDEMENT DE DIEU.

Dieu en vain tu ne jureras,
Ni autre chose pareillement.

TROISIÈME COMMANDEMENT DE DIEU.

Les Dimanches tu garderas,
En servant Dieu dévotement.

COMMANDEMENTS DE L'ÉGLISE.

QUATRIÈME PARTIE.

LA PRIÈRE.

LA PRIÈRE EN GÉNÉRAL.

Bertho

www.ingramcontent.com/pod-product-compliance
Lightning Source LLC
Chambersburg PA
CBHW060601100426
42744CB00008B/1274